国家出版基金项目
NATIONAL PUBLICATION FOUNDATION

東北地方沿革及其民族

方德修◎著

山西出版傳媒集團
山西人民出版社

圖書在版編目(CIP)數據

東北地方沿革及其民族 / 方德修著. —太原： 山西人民出版社，2014.12
(近代名家散佚學術著作叢刊 / 許嘉璐主編)
ISBN 978-7-203-08781-6

Ⅰ. ①東… Ⅱ. ①方… Ⅲ.①東北地區—地方史
Ⅳ. ①K293

中國版本圖書館CIP數據核字(2014)第234698號

東北地方沿革及其民族

主　　編　許嘉璐
著　　者　方德修
責任編輯　梁晋華

出 版 者　山西出版傳媒集團·山西人民出版社
地　　址　太原市建設南路21號
郵　　編　030012
發行營銷　0351-4922220　4955996　4956039
　　　　　0351-4922127(傳真)　4956038(郵購)
E-mail　sxskcb@163.com　發行部
　　　　sxskcb@126.com　總編室
網　　址　www.sxskcb.com

經 銷 者　山西出版傳媒集團·山西人民出版社
承 印 廠　山西出版傳媒集團·山西人民印刷有限責任公司

開　　本　700mm×970mm　1/16
印　　張　7.25
字　　數　66千字
印　　數　1—3000冊
版　　次　2014年12月　第一版
印　　次　2014年12月　第一次印刷
書　　號　ISBN 978-7-203-08781-6
定　　價　18.00圓

《近代名家散佚學術著作叢刊》編委會

出版説明

近代名家散佚學術著作叢刊選取一九四九年以後未再刊行之近代名家學術著作共一百二十册，編例如次：

一、本叢書遴選之著作在相關學術領域具有一定的代表性，在學術研究方向、方法上獨具特色。

二、爲避免重新排印時出錯，本叢書原本原貌影印出版。影印之底本皆經專家組審定，原書字體大小，排版格式均未做大的改變，原書之序言、附注皆予保留。

三、本叢書分爲八大類，以作者生卒年編次。

四、爲使叢書體例一致，本叢書前言後記均采用繁體字排版。

五、個別頁碼較少的版本，爲方便裝幀和閱讀，進行了合訂。

六、少數學術著作原書内容有個別破損之處，編者以不改變版本内容爲前提，部分進行修補，難以修復之處保留缺損原狀。

七、原版書中個别錯訛之處，皆照原樣影印，未做修改。

八、所選版本之抽印本頁碼標注，起始至所終頁碼均照原樣影印，未重新編排標注新頁碼。

由於叢書規模較大，不足之處，殷切期待方家指正。

總序/

披沙瀝金，以爲鏡鑒

◇許嘉璐

多年來有一個問題始終在我腦中盤桓：爲什麼在十九世紀末到二十世紀初，在短短的幾十年裏，中國的各個學術領域竟涌現了那麼多大師級的人物？這是中國近代史上一個極爲重要的現象，我認爲，如果不能給出令人滿意的答案，我們撰寫的近代學術史將是不完整的，甚至是缺乏靈魂的。後來我知道，著名人類學家克羅伯曾提出過一個問題：爲什麼天才成群地來？看來這種現象的出現並非中國所獨有，思考其所以然的也大有人在。而在那一次世紀之交中國的情況，似乎應驗了「天才成群地來」這個令克氏久久不解的疑問。錢學森先生曾從相反的方向提出了相同的疑問：爲什麼我們這個時代出現不了杰出人才？後來人們稱這個問題爲「錢學森之謎」。

要回答這些疑問不是件容易的事。與其迅速地囫圇地探尋，不如先多了解那些讓中國近代學術（應該包括人文科學和自然科學）史上閃耀着光輝的大師們的作品和自述，從而在腦海里盡量「復原」他們所處的環境和在那種環境下的心理路徑，從中或許可以得到一些啓示。

有一點是顯然的，這就是他們雖然都已遠離塵世而去，但是他們獨立思考的品性、求知治學的真誠、困厄窮愁中對節操的堅守，恐怕是他們共同的主觀因素，一直影響到現在，而且將會永遠留存下去。

就思想界、學術界而言，二十世紀上半葉是一個新説和舊説碰撞，中學和西學融匯的大時代。那時的學人極爲重視言行操守，同時具備現代知識分子的理想信念；他們的學術研究十分純浄，絶少功利因素；他們的視界開闊，以包容的心態和嚴謹的風格造就了成果的大氣與厚重。至於在客觀因素一面，他們實際是在用工業化時代的事實解説着太史公所説的名山之作「大抵聖賢發憤之所爲作」，困厄苦難使得他們「皆意有所鬱結」。這種鬱結，幾乎和個人的名利毫無牽涉，他們永遠不能釋懷的，是民族的存亡、國運的興衰、民衆的福禍和文脈的續斷。

那個時代也是近代歷史上最大規模的中西古今學術調適、創新的時期，學術方法上的交互滲透和融合、創新亦可謂「於斯爲盛」。斯時之學人是要在封閉的屋墻上鑿出窗子的勇士，是使人能够看看外部世界的第一批導夫先路者；或者可以説，他們是在「意有所鬱結」時「彷徨」和「吶喊」的「狂人」。

相對於那時的哲人們，後來者是幸運兒。現在的形勢是，近三十年來學界空前繁榮，衆多學科有了長足之進，其中很重要的一點是學界有了更新穎、更廣闊的國際視野，似乎接續上了百年前的學壇盛事。但細想想，「古」與「今」還是有差別的。其異，主要不在於世界情勢、學術進展、工具改善這些客觀存在，而在於在廣泛吸收各國優長的同時，自身文化的主體性越來越受到重視，换言之，「拿來主義」已經延長了「拿來」的程序，加上了試用、甄別、篩選、吸收、融合、成長。就我孤陋所見，在當今地球上，面向所有異質文明，努力汲取我之所缺，其範圍之大和心態之切，似乎無出中國之右者。從這個角度説，我們已經超越了前輩。但是事情還有另外一面，學術，特別是人文學科，其職業化、「沙龍化」和功利性，以及隨之而來的浮躁病却嚴重了。從這個角度説，是不是我們已經後退得够可以的了？而這是不是我們這個時代出不了大師的原因之一呢？

民國學術界的特點之一是極爲注重對傳統文化的反省、批判與繼承。他們對傳統文化盡最大的努力進行整理和研究。一方面，由於戰亂頻仍，民不聊生，學者們擔起了讓中華文化薪火相傳的歷史責任；另一方面，他們要通過對中國傳統文化的整理、挖掘來重振民族自信心。這一時期對傳統文化進行整理的全面而深入是前所未有的，舉凡文字學、語言學、經濟學、法學、哲學、政治制度、書法繪畫、金石學……規模之宏大，研究之精微，令人嘆爲觀止。

民國學術推動了現代學科體系的建立。在對傳統文化整理和研究的基礎上，吸收西方的文化思想和理念，推動和建立了中國現代學科體系。例如，在對語言文字和音韵學成果進行整理、研究的基礎上開始着手規範之，建立了國語學；深入研究書法、國畫，將其融入了現代美術學科；在廢除舊有學制後逐步建立起小、中、大學較完整的科目和學科體系。

民國學術也改變了傳統學術方式，建立了新的研究範式。以現代科學考古爲發端，科研的實踐和成果使中國知識界真正認識到在實驗、比較基礎上的邏輯分析對學術研究的重要，推進了中國學術的一大演變。至於我們常説的打破士大夫傳統、走出書齋到田野鄉村和市民中進行調查研究、結束了經學時代、以歷史眼光檢視儒學和諸子等等，都是確立新學術範式的努力。這一轉變，也標誌着中國學術界脱胎换骨，全面進入了現代，爲此後的學術發展奠定了堅實的基礎。當然，西方啓蒙運動以來，在「現代性」和「現代化」裏潛伏着的缺陷和謬誤也傳到了中國，這些不能不在前哲的著作裏留下痕迹。這並不奇怪。類似的情況，古往今來孰能免之？猶如今天的我們，誰敢自稱我之所見就是永恒的真理？在這個問題上兩個時代所異者，或許就在昔時大家創立新説或譯註西學著作，往往是懷着對學術和前哲的敬畏而爲之，故而常常誤不在我；當今則往往出於對學問和他人的輕蔑，或以所研究的對象爲謀己的工具，因而難辭主觀之咎吧。翻閲他們的心血之作，這些復雜的狀況可以顯見，可以視之爲我們的一面鏡子。

滄海桑田，世事變幻，歷史的動盪和時代的遮蔽，使當年許多大師的一些極有價值的學術著作被棄於故紙堆中，不能不令人有遺珠之憾。爲此，山西人民出版社不惜以數年之艱辛，披沙瀝金，編輯出版這套近代名家散佚學術著作叢刊，凡一百二十册，計文學、史學、政治與法律、美學與文藝理論、民族風俗、宗教與哲學、經濟、語言文獻共八大類別。所選皆爲作者之純學術著作，無論是其見解、精神，抑或是其時代烙印，都是後輩學人可資借鑒的寶貴財富。他們出版這套叢書，意在讓世人不忘來程，知篳路藍縷之不易，爲民族文化的傳承再增薪木。

出版社的初衷，與我近年來所思所慮近似，故願略述淺見於書端，以與策劃者、編輯者和讀者共勉。

二〇一四年七月六日

改定於自安東回京途中

前言／「风俗扫地伤王化，谁正人伦大雅！」

◇許石林

前人欲治天下者，必先視乎風俗，蓋風俗所在，如是則宜，非是則不便。荀子曰：「入境，觀其風俗。」蓋觀風俗以知人心，因其所宜以制禮作樂、立典明法，以期使千差萬別之原生態風俗，得以優化、矯正、改良而趨於均一。而均一之法，所謂「移風易俗，莫善於樂」，以文化野——數千年歷史，雖歷經朝代更迭、戰亂波折，文明陵夷而能頑韌修復與振起者，正因爲風俗矯正、改良從未停歇，此正是「文化」的過程。即均一之最終結果雖數千年而未實現，但均一的過程却從未停止。

風俗於天下安定、黎民富寧可謂至關重要，「治隆於上而俗美於下」，可以説是歷代中國讀書人的理想。考諸往史，自周秦以降，賢士大夫，皆知敦教化、厚風俗之重要，並以此爲己任。做官爲政，也必以淳厚風俗爲指歸，此抱本也；而今日世界各國，無不導民以利，以經濟指標考察政績，此誠逐末也。

前人對於風俗的理解，千年之下，基本相同。宋人蘇軾有云：「國家之所以存亡者，在道德之深淺，不在乎强與弱；歷數之所以長短者，在風俗之薄厚，不在乎富與貧。」清人顧亭林以爲，蘇軾的話是從古至今，最爲「深切」的「根本之言」。

顧炎武自己對風俗的理解，也是「根本之言」：「風俗者，天下之大事。朝廷有教化，則士人有廉耻；士人有廉耻，則天下有風俗。」他這種以天下爲己任的擔當意識和責任感，將賢士大夫即社會精英的「士風」，放在了擔負天下移風易俗重任的重要位置上。

然而歷代士人對風俗關注的焦點，却有差別，這本身也恰恰構成了各個時期風俗的重要內容。即以清末民初至一九四九年時期與今日民俗學大略印象比較而言，彼時的學人，正如許嘉璐先生所言，「（彼時）正是中國社會極度動盪的時期。尤其是日本帝國主義的侵略，把中國直接推向了生死存亡的關頭。即使如此，係統清理民國學術成果將會發現，中國學術研究不僅没有因此停步不前，反而碩果纍纍，成就巨大。民國學人在極其艱難的環境下，堅守中國的學術命脈，同時也是堅守着中國文化的命脈。」

而今日之風俗學，可能由於新的學術研究的切割法，多畫地爲牢，分塊處理，破碎害道。故今人論風俗，鮮有前人之宏闊胸襟，多退縮到現代意義上的民俗與民間文學之類，即便有所發現查獲，却無前人熱切地以資當下與未來政治的熱忱，故格局明顯狹小，淪爲供旅遊者攫取談資和獵奇的工具。更有甚者，若研究者價值觀被扭曲，則視舊的一切爲應當革除者，其所研究的結果，字裏行間必然流露出對舊風俗的警惕與謹慎、厭惡與抛棄的思想，如此，則其所知越多，對國故的殺傷越大。

基於此，近代名家散佚學術著作叢刊·民族風俗卷所搜集的民國學人的著作，皆當時士人學者發自於整理通鑑以期資治的用心，冀其所著述能有裨益於國家未來，孜孜矻矻，搜求剔爬，鈎稽考證，網羅歸納。其發願之宏大，足以令今人肅然起敬。而其學養之深厚淵雅，表述之明敏雋永，詞采燦然，亦令人愛賞不已。撫卷讀之，神馳思飛，感慨萬端：此又民國之士風也。

余承蒙錯愛，忝爲「民族風俗」卷主編，自知失學無才，惶恐愧疚不已，豈敢妄言爲先賢序而着糞於佛首！焚沐捧讀，崇仰之情日滋日長。正如史前時期之西北著者裴文中先生在自己著作前所道，不敢言

「序」，惟有「感言」似乎不可欠缺。余雖愚魯淺陋，亦勉爲感言。所感者有三：

清末民初至一九四九年期間，西學東漸，風俗地理學研究，遂有了新方法。前人礙於工具等諸條件所制約，疏於田野調查之故，或許有過於粗略概括之處，得到了落實細化和實地考察的推進。當時的學者在詳細考證、小心發現後，不僅得出結論。更爲可貴者，將學術研究結果，與現實社會之間打通，讓風俗中的可資當下政治汲取的養分，充盈到現實中來，即向當局提出建議，給人以啓迪。從中可看出，作者沒有遭受某種政治意識形態的干擾，有些結論和建議，與現代社會的種種法律、政治理念是相悟的，有的甚至是「向後看」的，但「向後看」的目的卻無疑是意在有利於向前走。也正因如此，反而能自由地向政治提供可資選擇與利用的思想資源。如干蘭——西南中國原始住宅的研究的作者，從建築樣式的歷史演變，得出兩廣及西南雲貴地區，文化上以夏變夷的漫長而平和的過程，令人頗受啓迪。回顧那一段學術史可知，不惟當時的政府力量給予學者以思想學術自由的空間，世俗民間風氣、民衆心態也給學者充分的思想考察的自由空間。此不由人不思忖：蓋思想空間越自由，則學術研究越有生機。此一也。

那一代學人，不幸遭逢國家動盪，外侮侵犯，保家衛國之時，並不急功近利，而期望能正本清源，尋求從根本上解決治療國家當時所存在的痼疾，彌補往史舊學所欠缺、所忽略的盲區，又或盡量搜剔鈎稽，歸納匯集，以資能有利於國家民族當時的救亡與未來的强盛。史前時期之西北、西域史族新考、東北地方沿革及其民族，皆是也。史前時期之西北的作者總結自漢代以來，歷代朝廷經營邊功，奄忽而盛，又倏然而寂，屢費財力損兵革，終究未能使西北做到久安永寧的原因，不僅僅在於謀劃未周，兵馬未强，作者認爲還在於中國的方塊漢字，對夷狄來説，難寫難認，使已經被羈縻之夷狄，不能順暢地接受優秀的中原文化，而以儒家爲主流的中原文化，又缺乏宗教力量以因果報應之説警戒愚俗，收拾人心，故夷狄與華夏離心離德，戰爲利來，敗無愧色，旋叛旋服，叛服無常，成爲數千年邊患。「海水有門分上下，江山無地限華夷」，這是明清易代之際，詩人陳恭尹發出的悲嘆。而能爲史前時期之西北這種推論做實证的，歷史上有多個朝代，比如北魏。作者不僅因此對經營當時西北邊務者爬梳匯集了翔實的史料，以鑒資當時的西北政治，更爲實際開發西北，提出了許多具體的設想，寫出了將來之展望、將來工作之途徑。作者還批評了當時打着開發西北旗號的各路「淘金者」。東北地方沿革及其民族的作者抱有同樣的志氣，梳理東北邊疆的沿革，並將其地域所有民族的風俗歷史，概括歸納。作者深感我國東北廣大土地，歷經沙俄、日本等的侵擾，並分析其原因，言簡意賅，脈絡十分清晰透徹，目的是使當時的政府，能振作起來，重視東北、保護東北，發展東北。近代名家散佚學術著作叢刊·民族風俗卷的作者，無論是大學教授、學者、地方官員、新聞記者還是中學校長，其字裏行間所洋溢的，都是自古以來，中華文化所孕育出來的賢士大夫胸懷家國天下的情懷。非有此等士大夫擔當情懷，不能有此胸襟眼界，無此胸襟眼界，不能有此考察風俗、發現歷史、希望能有助於國家救亡與復興的學問著述即千古文章。此二也。

余固非風俗專家，不能道盡其旨。作爲一個普通讀者，讀這些著作，對前人行文之美，愛賞不已。學者之文，凡舊學修養深厚者，其辭必然雋永可喜。愚以爲近代名家散佚學術著作叢刊·民族風俗卷的寫作，已經將漢語的文白相融，做到盡善盡美的高度了，它保存了文言文的矜持與自尊，詞約而義豐，又吸收了白話的通俗流暢，却因爲文言精神的提攜，使其氣不墜，白話不顯得囉嗦輕浮、枯燥乏味，反而有了直抒胸臆的痛快淋漓。正因爲這樣，這套叢書，不僅作爲學術專著，供後來學人作學術資料考索徵引，其實應該同時當作一般讀者的閱讀書目，必然會受到許多人的喜歡，「道不遠人」。此三也。

余貿然接受邀請主編此輯叢書，旋即愧悔，勉力爲之，不勝惶恐之至。謹以保存國故的心態，虔誠面對前人著作，對之如聆教誨。能將此叢書奉獻給今日讀者，則欣喜之情，陡然洋溢周身，覆蓋了一切。

風俗之於天下，可謂至關重要，移風易俗，正風俗以正人心，前人保存國粹者，無不以此相許。而今日之人，多迷信强權、崇拜金錢，對此多有忽略。今日學術界淺薄勢利，若不碰觸某一還活在人們生活中的風俗，則該風俗猶能讓人感受到古老文化的現實體温，反之一碰觸，則多粗暴否定與畸形改造，無异於毁滅良俗。「風俗掃地傷王化，誰正人倫大雅！」（元·吴弘道醉高歌嘆世）

惟願此人文風俗叢書，能讓人重新認識風俗的重要，視風俗之考察，爲政治必要之端。

後學　許石林

二〇一四年九月二十一日於深圳

作者簡介

方德修，生平不詳。

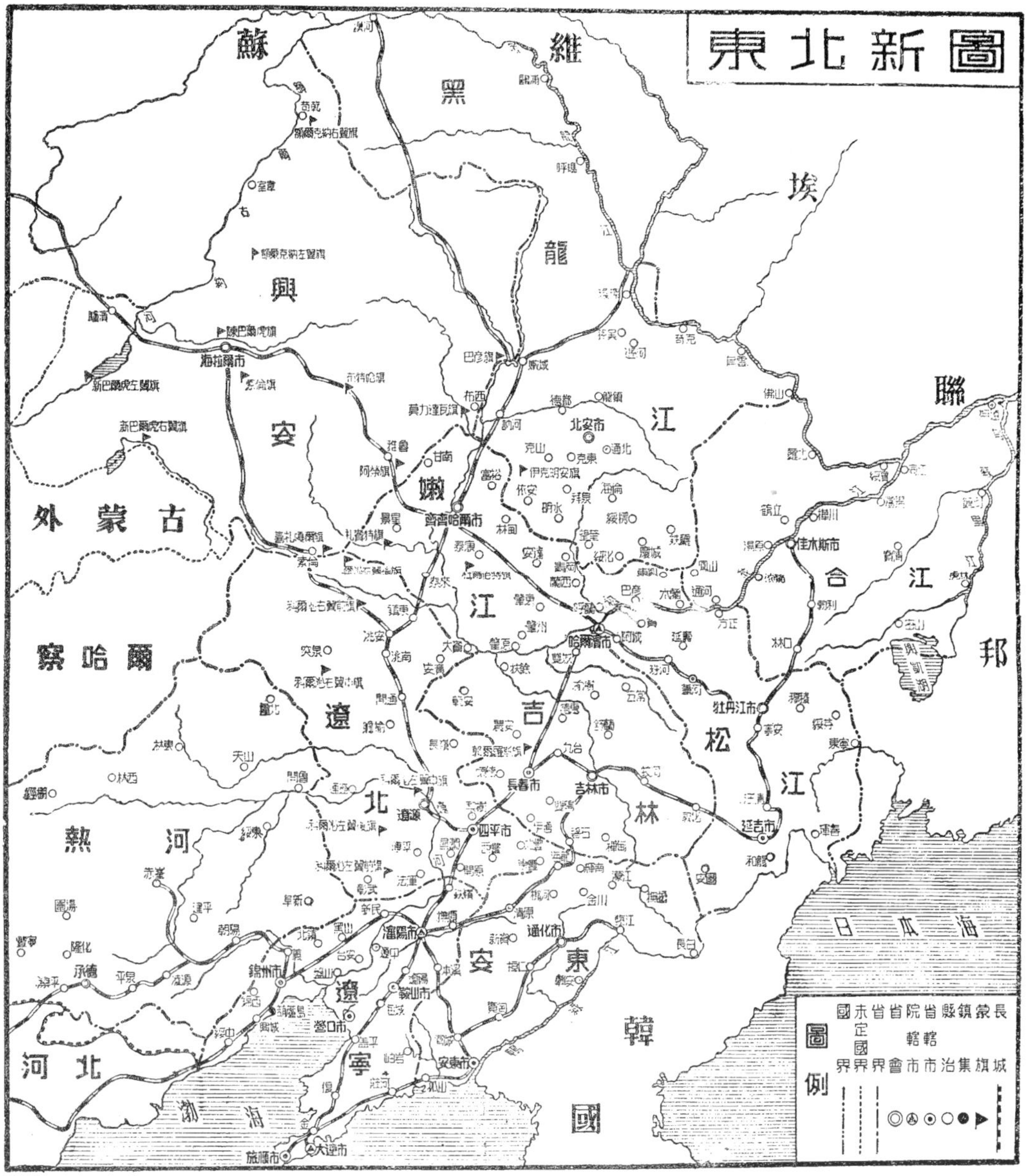
東北新圖
蘇維埃聯邦
黑龍江
興安
嫩江
合江
松江
吉林
遼北
安東
遼寧
熱河
察哈爾
外蒙古
河北
韓國
日本海
渤海
海拉爾市
齊齊哈爾市
北安市
佳木斯市
哈爾濱市
牡丹江市
長春市
吉林市
延吉市
四平市
瀋陽市
通化市
錦州市
鞍山市
營口市
安東市
大連市
旅順市
圖例
國界
未定國界
省界
省會
院轄市
省轄市
縣治
鎮集
蒙旗
長城

呂序

中國拓殖最有成績的是哪裏？是東北。東北四省中，遼熱二省，雖然早是中國的郡縣，然而中國實力，不能顧到他的時候也很多；吉黑二省，尤其自明以前，迄等諸羈縻！就是清朝也未嘗盡力經營。然而到九一八事變時，國聯調查團——這並不是眞正主持公道的團體，他的主意不過看着這一片豐饒的未開發的土地，不甘令其爲一國所獨占，等於日俄戰爭前後，提倡什麼以東北爲永世中立地，到後來，則又變爲東北鐵路中立等等的說法而已。然而他也不能不說：東北是永遠應該屬於中國的。這是爲什麼？爲的是東北三十個住民中，倒有二十八個是中國人。中國人何以能有此種成績？這不是空言可以說明的。我們當先考其建置的沿革，以觀其政治勢力的消長；再看住居此地的，共有幾個民族？其離合融化之跡如何？就可以思過半了。爲要達到這個目的起見，看這本書，是最適當的，因爲他敍述得簡明而不遺漏，而且很有條理。

三十五年六月二十七日武進呂思勉識

自序

隨着抗戰勝利的來臨，許多收復區都亟待經營，尤其是淪陷了五十年的臺灣，和十四年的東北。這是今日建國大業中最艱巨的工作。蔣主席在中國之命運一書中，更明白的指示我們，要「立志在邊疆」。因此同胞們全對邊疆發生了興趣與關切，都多少想了解一些邊疆的概況。

最近，有位曾到過東北的朋友，因爲知道作者的意欲前往東北，而對作者說：「滿洲人很排擠關內人」，這，我想是：（一）封建時代留下的毒，清代皇室有意培養成這種偏狹的思想，使滿漢間具此對立的感情，同時更用以表示他們滿族的優越。（二）說這話的朋友，雖遠在東北淪陷前已離開了東北，但日本帝國主義者的欲占領滿蒙，已處心積慮了幾十年，他們早在倡導所謂「民族自覺」，以挑撥漢滿蒙三族間的感情。（三）農業的漢族移殖到東北，和游牧的滿族，多少要發生些經濟的衝突。總括說來，乃滿漢**間一向缺少了解，故使作者爲此而留心歷來的記載上，關於東北的地和人，在本國史上**

的關係。先言其建置的沿革，說也慚媿，我國雖號稱文化之邦，而東北的沿革，在史地書上，都祇有簡略到不能再簡略的記述，甚且謬誤。人的方面，縱的說是中華民族史上的問題，這在前人和近人的著作中，還有不少正確或欠正確的記述；橫的方面（卽現今東北境內的少數民族狀況），除了遊記和報章上的通訊中，間有一二外，要知其詳確的狀況，竟不得不借助日寇的調查報告。這些參考資料，雖非常缺乏，而在今日卻萬分需要，故作者花了兩個月的時間，搜集了些私人能力可以搜集得到的資料，加以整理，寫成了這本東北地方沿革及其民族。其間蒙呂誠之師的詳爲訂正和賜序，陳伯流、葉穎根二先生的幫助讀解日文資料，陳貽祥先生的鼓勵，顧頡剛先生和楊寬先生的介紹出版，王伯祥先生的予以便利，全使作者萬分感激，謹在這裏向諸師友掬獻我的謝忱。

本書因作者個人學力和客觀條件的限制，其不完備自不待說，好在刊行本書的私意，原爲抛磚引玉，其目的無非在（一）論證東北和我國本部的歷史關係，彼此的息息相關。（二）中華民族原是以漢族爲核心，融和各族而成的一個集合體。時至今日，所謂漢、滿、蒙、回、藏等族，早成了中華民族史上的名詞。而且我們一向都抱着「四海之內皆兄弟」的思想，不僅要了解邊疆的文化較落後的民族，應相親若手足，「並積極扶助邊疆各族的自治能力和地位，賦與以宗教、文化、經濟均衡發展的機會，而增強其向心力與團結力，對於整個國家與中央政府，共同愛戴，一致擁護，和衷共濟，休戚相關：俾我中華民國，日益富強康樂」（見中國之命運二章一節）。在古代，漢族雖對邊疆的民族有所謂蠻、夷、戎、狄的稱號，但現今，我們對於構成中華民族的任何支派，不應該有所歧視。偏狹的種族思想，無非是野心家的說辭，他們對外便是帝國主義，對內則提倡曲解了的優生學，以摧毀異己者的生命持續，這祇是希特勒之流的玩意！

方德修一九四五年六月

民國三十六年六月五日，國民政府正式公布東北九省行政區域，其劃分情形與三十四年所公布者略有不同，現本書已遵照新劃定者全部改正。

作者附記一九四七年七月

目錄

第一章　東北的地方沿革

第一節　總說

「東北」二字的範圍有的說是指「滿洲」（卽遼寧、吉林、黑龍江），有的說是指「滿蒙」（卽熱河、遼寧、吉林、黑龍江）；但若根據地理學上的地理單位(A Geographical unit)而言，熱河、遼寧、吉林、黑龍江實在是一個很大的自然區域(A Natural Region)，她的地形好比是一個頂寬底狹的四邊形，東邊爲長白山系，北邊有黑龍江，西邊是大興安嶺山脈，南邊濱渤海和黃海，都屬天然的屏障。且東北一詞的指此區域已有其極悠久的歷史，遼史兵衞志有東北路統軍司，遼史地理志上京道：「泰州（李兆洛歷代地理志韻編今釋卷一六：『今郭爾羅斯治』，按卽吉林省濱江、吉長西境）德昌節度……屬東北統軍司，統縣二」；「長春州（歷代地理志韻編今釋卷四：『今科爾沁左翼前旗治』，按卽遼寧省康平縣西）韶陽軍下節度……屬東北統軍司，統縣一」；元一統志：「開元路南鎭長白之山，北侵鯨川之海，三京故都，五國故城，亦東北一都會也」；

都可證「東北」早成了個專名詞。民國十八年一月，國民政府特任張學良氏任東北邊防司令長官，復成立東北政務委員會，抗戰勝利後，更有東北行營的設置；凡此皆足以確定此一區域應以東北爲其總稱。

東北的歷史沿革，尤其悠久，當戰國時，燕國秦開質於東胡，燕昭王時，秦開歸燕，起兵大破東胡，東胡卻地千餘里（三國志卷三〇魏書東夷傳注引魏略說：「取地二千餘里」），燕國的勢力，直到達現今朝陽和建昌以北，又從造陽（今察哈爾懷來縣）到襄平（今遼陽縣北七十里），建築了一條長城作防禦，更在這防禦圈內設置了五郡：（一）上谷（包括現今宣化至獨石口一帶地），（二）漁陽（包括現今密雲至承德一帶地），（三）右北平（包括現今河北北部和熱河平泉及凌源一帶地），（四）遼西（包括現今熱河朝陽及遼寧遼水西部一帶地），（五）遼東（包括現今遼水以東及朝鮮平安北道一帶地）。關於秦開開拓東北的年代，我們固難考定，但這段史實，史記卷一一〇匈奴傳卻記載得很明白：

> 其後燕有賢將秦開爲質於胡，胡甚信之。歸而襲破走東胡，東胡卻地千餘里。……燕亦築長城，自造陽至襄平，置上谷、漁陽、右北平、遼西、遼東郡以

拒胡。

是東北在二千多年前，已由秦開將軍開拓，使她歸入了中國的版圖。秦代的三十六郡也包括上面所說燕置的五郡。漢初，更西討匈奴，東置蒼海郡（見漢書卷六武帝本紀，後漢書卷一一五東夷傳），武帝伐滅朝鮮，分其地爲樂浪、臨屯、玄菟、眞番四郡。三國時代，曹魏的幽州包括上谷、漁陽、北平、遼西、遼東、玄菟、樂浪等郡（據吳增僅三國郡縣表，顧祖禹讀史方輿紀要）。在晉初，屬十九州中的幽州和平州地方（晉書地理志）。隋代的冀州，唐代的河北道，都包括有現今東北的一部分。宋代，其地爲遼、金所據。在元代，爲瀋陽路、開元路、大寧路、全寧路、上都路。明代對東北的經營，尤爲努力，曾設藩王鎮守，如寧王權鎮大寧（今熱河平泉縣東北百里的黑城），遼王植鎮廣寧（遼寧北鎮縣），韓王松鎮開原（遼寧開原縣）；又設遼東、大寧、奴兒干（又作努兒干，轄吉林全境）三都司統治東北的女眞和蒙古諸部族，兵力常達松花江、黑龍江一帶。永樂十一年（一四一三年）的永寧寺碑文（寺在今廟街——黑龍江——之上二百五十餘里混同江東岸，俄領東海濱省特林地方），宣德六年（一四三一年）重建永寧寺碑文（俱見吉林通志卷一二〇金石志），都可做佐證。

日本的軍閥和政客，爲了想實現大陸政策的夢想，說什麼「欲征服支那，必先征服滿蒙」（田中奏摺語），因此乘民國二十年（一九三一年），我國長江流域大水災時，在九月十八日夜，乘「水」打劫了我國的東北，次年（一九三二年）三月，便捧出淸廢帝溥儀做傀儡；民國二十二年（一九三三年）更攻占熱河省，併入僞「滿洲國」。他們居然會揑造歷史根據，說我們明代在東北的疆域，祇限於遼東邊牆（見日人矢野一著滿洲國歷史等書），想一手抹煞史實，淆亂視聽，我們且退一萬步，不笑日寇的淺薄，把學問當作政治侵略的宣傳品，假使竟如他們所說，明代的政治區域，並不包括東北，甚至說東北從來未屬中國，但現今居住在東北的居民，百分之八十以上，是漢人。占次多數的滿人，也是構成中華民族的重要分子，就依民族自決的原則來投票，東北也一定屬於中國的版圖！

第二節　熱河

熱河省簡名熱省，她的得名是因境內有熱河（灤河的支流）的原故。戰國時，北部是東胡族居地，南部爲燕國的遼西等郡，秦漢時皆沿之，已見第一節。東胡爲匈奴所破，分爲烏桓、鮮卑，邊外之地爲其所據。晉初屬鮮卑段氏、宇文氏，其後倂於慕容氏，是爲前燕。至苻堅滅燕，爲秦地。慕容垂復國，爲後燕。馮跋時爲北燕。拓跋魏時爲安州、營州及庫莫奚契丹地。隋代，其地爲奚、契丹所據。唐代亦僅東南一部仍屬營州，其餘地方祇設羈縻州而已。遼時，北部爲上京路，南部爲中京路。北宋時，金滅遼，改作北京、西京兩路。元朝，其地分屬中書省的上都、全寧兩路和遼陽省的大寧路。明初，屬北平府，不久改爲北平行都司，是大寧諸衞的地方；成祖永樂元年（一四〇三年），徙衞於山南，盡割大寧諸衞地方與蒙古烏梁海，於是諸衞盡入朶顏、泰寧；及後又被蒙古察哈爾呑倂，屬於內蒙的喀喇沁、敖漢、土默特諸部落。清初，相率歸附，康熙間在熱河（今承德）建避暑山莊。雍正元年（一七二三年）設熱河廳；十一年（一七三三年）爲直隸州。乾隆七年（一七四二年）仍爲熱河廳；四十三年（一七七八年）升爲承德府，隸屬直隸省。民國二年（一九一三年）改縣；三月一日更劃直隸的朝陽、承德府等十五縣合成熱河特別區域，設都統管治，七月復置熱河道。民國十七年（一九二八年）九月，改爲熱河省，設省政府於承德。

第三節 遼寧

舊遼寧省境，古代是肅愼、東胡及貉族的居地。戰國時，爲燕的遼東西郡。秦及西漢因之。東漢末，其地被公孫度占據，晉代爲慕容氏、馮氏占有。南北朝時，屬高句麗，一部分仍如晉時屬平州，唐滅高句麗，爲安東大都護府轄地，後漸被靺鞨、渤海侵入。五代後，陷於契丹，以爲東京路。金因之。元爲遼陽省，並立瀋陽路。明代，屬遼東都指揮司。淸太祖天命七年(一六二二年)建東京於遼陽；十年(一六二五年)三月遷都瀋陽；天聰八年(一六三四年)，尊之爲盛京。淸世祖順治十四年(一六五七年)，置奉天府尹。淸聖祖康熙元年(一六六二年)改昂邦章京爲鎭守遼東等處地方將軍；四年(一六六五年)改爲鎭守奉天等處地方將軍。淸高宗乾隆十二年(一七四七年)改爲鎭守盛京將軍。淸德宗光緒三十年(一九〇四年)裁府尹；三十三年(一九〇七年)三月罷將軍，置東三省總督，奉天巡撫，改爲行省，名曰奉天。民國紀元，改總督、巡撫爲都督、民政長；三年(一九一四年)五月，改民政長爲巡按使，六月改都督爲督軍，巡按使爲省長。十八年(一九二九年)二月，國民政府因「奉天」二字含有濃厚之君主色彩，乃取遼水流域永久安寧之意，改名為遼寧省，簡稱遼省，設省政府於瀋陽。

第四節 吉林

舊吉林省境，古代為肅愼和貉族等居地。漢時，貉族建國曰夫餘，肅愼則稱為挹婁。晉時，夫餘為慕容氏所破。挹婁至南北朝時稱靺鞨，亦作勿吉。唐貞觀二年（六二八年）來降，以其地置羈縻府州。後其族自立為渤海國，吉林之地屬焉於，西南境置上京龍泉府。遼統和清寧間，置邊州、寧江州。金時，置上京會寧府及肇州、海蘭、率賓、和囉噶等路，元代，為遼寧省開元路北境，兼置海蘭府、碩達、勒達等路（寧古塔境），設軍民萬戶府：（一）桃屯、（二）和囉噶、（三）鄂托哩、（四）托郭琳、（五）布固江；分領混同江南北兩岸。明代屬遼東郡指揮司。清順治十年（一六五三年）在寧古塔置昂邦章京及副都統二人。康熙元年（一六六二年）寧古塔改置將軍；十年（一六七一年）在吉林烏拉設副都統；十五年（一六七六年），移寧古塔將軍鎮守吉林烏拉，留副都統鎮守寧古塔；三十三年（一六九四年）移吉林副都統駐伯都訥。雍正三年（一七二五年）復置吉林阿勒楚喀副都統；四年於吉林置永吉州，寧古塔置泰寧縣，伯都訥置長寧縣，俱屬奉天府；五年增三姓副都統；七年省泰寧縣。乾隆元年（一七三六年）省長寧縣；十二年（一七四七年）省永吉州，改設吉林理事同知，屬將軍管轄。光緒七年（一八八一年）置琿春副都統，吉林、賓州、五常三廳；八年吉林廳升府，後增長春、新城、依蘭各領縣有差；三十三年（一九〇七年）建行省，改將軍爲巡撫，裁副都統等。宣統三年（一九一一年）定西南、西北、東南、東北四路爲四道，凡轄府十有一，州一，廳五，縣十八。民國初，分設吉長、濱江、延吉、依蘭四道，幷改置護軍使；五年（一九一六年）改爲督軍省長。十七年（一九二八年）廢道區，設省府於永吉。吉林省之得名有二說：(一)由滿洲語「吉林烏拉」（「吉林」意卽「沿」，「烏拉」義爲「江」，謂沿松花江）而來；吉林省在唐代，屬新羅之雞林州，「吉林」乃「雞林」一音之轉。

第五節　黑龍江

舊黑龍江省境，東北兩面俱爲黑龍江所環繞，因此得名，簡稱黑省，又或以爲「黑」非美詞，簡稱爲龍江省，或江省。至於江名黑龍，不知何所依據，在淸代諸志書中均謂滿洲語稱黑龍江為「薩哈連烏拉」（「薩哈連」意即黑龍，「烏拉」意即江），又謂薩哈連乃黑龍江境內一部族之名稱（清太祖天命八年——一六二三年——征薩哈連），是以人皆以為由「薩哈連烏拉」意譯作「黑龍江」，然遼史道宗本紀則謂：「太康三年——一〇七七年——夏四月泛舟黑龍江」，是黑龍江之名，遼代早有之。薩哈連部或係以江之名稱名部族。至若江名黑龍，殆因江水黑色（黑龍江外紀：「黑龍江，水色黑，……松漠紀聞、龍沙紀等書謂上游江水，掬之微黑，下游則精奇里江匯入後，混同江未入以前一段，水色黃黑各半，分界如劃」），蜿蜒如遊龍故。

舊黑龍江省境，在唐代以前為靺鞨和室韋二族之根據地，渤海強盛，靺鞨皆附屬之；遼平渤海，靺鞨仍擅其地，在南者，繫遼籍；在北者，均不繫籍。金時，為浦與路及肇州北境。元代，隸開元路。明領於奴兒干都司。清初有索倫、達呼爾諸部散居黑龍江內外額爾古訥河及精奇里江之地；天聰崇德中，次第征服；康熙二十二年（一六八三年）征羅刹，始設鎮守黑龍江等處將軍及副都統駐江東岸之愛琿城，不久並移駐墨爾根；三十七年（一六九八年）副都統移駐齊齊哈爾，三十八年將軍亦移駐，遂為省治。後增設墨爾根、黑龍江、呼蘭、呼倫貝爾、布特哈各副都統；光緒三十三年（一九〇七年）裁將軍，設黑龍江巡撫，改爲行省，定省會在龍江（齊齊哈爾），盡裁副都統各缺，變置地方官制。宣統三年（一九一一年）爲道三、府七、廳六、州一、縣七；擬設之府一，直隸廳十一，縣五。民國初，設巡按使及護軍使，改府、廳、州爲縣，分龍江、綏蘭、黑河三道及呼倫貝爾地方；三年（一九一四年）六月，改護軍使爲督軍，改巡按使爲省長；十七年（一九二八年）十二月，隸屬國民政府，廢道存縣，仍設省政府於龍江。

第六節 抗戰勝利後省區的重劃分

東北的總面積，占我國全面積十分之一以上，幾與河北、河南、山東、山西、江蘇、浙江、安徽七省的總面積相等；幅員如此遼闊，無論就政治、經濟、軍事說，都非常重要。因此抗戰勝利後，國民政府鑑於以前的創痛，乃將東北三省的省區重行調整，加以劃分，以便於建設，中華民國三十四年八月三十一日，國民政府頒行收復東北各省處理辦法綱要六項：

（一）國民政府爲便利處理東北各省收復事宜，特在長春設立軍事委員會委員長東北行營綜理一切。

（二）行營設主任一人，其編制另定之。

（三）行營內將設政治委員會及經濟委員會，分別辦理行營區域內政治經濟之收復事務；各設主任委員一人，委員若干人，其組織規程由行政院另定之。

（四）遼寧、吉林、黑龍江三省區域，重行劃分爲遼寧省、安東省、遼北省、吉林省、松江省、合江省、黑龍江省、嫩江省、興安省九省。

（五）行營得就近指導、監督上列九省區內行政機關。

（六）在長春設置外交部東北特派員公署，辦理行營區域內交涉事宜。

因此東北這一區域，除熱河省仍沿舊疆外，東北三省已劃分爲九省，加上熱河省，合爲十省。但舊遼、吉、黑三省，雖經明令改劃爲九省，惟各該省所轄行政區域因接收工作一再遷延，迄未明白劃定。（註）至民國三十六年六月五日，方由國民政府正式公布，其劃分情形如次。

甲、省區

一、遼寧省

省會：瀋陽市。
面積：六七、二五八·七〇方公里。
人口：一〇、〇五九、九二一八。
轄市：錦州、營口、鞍山、旅順四市。
轄縣：瀋陽、錦縣、金縣、復縣、蓋平、海城、遼陽、本溪、撫順、新民、遼中、台安、黑山、北鎮、盤山、義縣、錦西、興城、綏中、莊河、岫巖、鐵嶺二十二縣。

二、安東省

省會：通化市。
面積：六三、四二一·五二方公里。
人口：三、三三四、〇〇五八。
轄市：通化、安東二市。
轄縣：通化、安東、鳳城、寬甸、桓仁、輯安、臨江、長白、撫松、濛江、輝南、金川、柳河、海龍、東豐、清原、新賓、孤山十八縣。

三、遼北省

省會：遼源縣。

面積：一二三、三一五·二一方公里。

人口：四、六三四、六七七人。

轄市：四平市。

轄縣：遼源、北豐、西豐、開原、彰武、法庫、康平、昌圖、梨樹、通遼、開通、瞻榆、安廣、洮南、突泉、洮安、鎭東、長嶺十八縣。

轄旗：科爾沁右翼前旗、科爾沁右翼中旗、科爾沁右翼後旗、科爾沁左翼前旗、科爾沁左翼中旗、科爾沁左翼後旗六旗。

四、吉林省

省會：吉林市。

面積：八七、二八四·七八方公里。

人口：六、四一六、六四〇人。

轄市：吉林、長春二市。

轄縣：永吉、長春、敦化、蛟河、樺甸、磐石、雙陽、伊通、懷德、農安、九台、扶餘、德惠、舒蘭、榆樹、五常、雙城、乾安十八縣。

轄旗：郭爾羅斯旗。

五、松江省

省會：牡丹江市。

面積：八〇、七八八・六九方公里。

人口：一、九一一、三四八人。

轄市：牡丹江、延吉二市。

轄縣：寧安、延吉、安圖、和龍、汪清、琿春、東寧、穆稜、葦河、延壽、珠河、賓縣、阿城、方正、綏芬十五縣。

六、合江省

省會：佳木斯市。

面積：一二三、六二〇・二三方公里。

人口：一、六〇四、六二五人。

轄市：佳木斯市。

轄縣：樺川、依蘭、勃利、密山、虎林、寶淸、饒河、撫遠、同江、富錦、綏濱、蘿北、湯原、通河、鳳山、鶴立、林口十七縣。

七、黑龍江省

省會：北安市。

面積：一九八、二九五•一一方公里。

人口：二、七一四、六九四八。

轄市：北安市。

轄縣．瑷琿、漠河、鷗浦、呼瑪、遜河、奇克、烏雲、佛山、嫩江、龍鎭、孫吳、克山、通北、海倫、綏楞、慶城、綏化、望奎、明水、拜泉、依安、訥河、德都、克東、鐵驪二十五縣。

轄旗：依克明安旗。

八、嫩江省

省會：齊齊哈爾市。

面積：六六、九六七。二二方公里。
人口：二、一〇二、一四三人。
轄市：齊齊哈爾市。
轄縣：龍江、景星、泰來、林甸、安達、青岡、蘭西、肇東、肇州、大賚、呼蘭、巴彥、木蘭、甘南、富裕、東興、泰康、肇源十八縣。
轄旗：杜爾伯特旗、札賚特旗二旗。

九、興安省

省會：海拉爾市。
面積：二五八、三五二•二六方公里。
人口：一六三、六五四人。
轄市：海拉爾市。
轄縣：呼倫、奇乾、室章、臚濱、雅魯、布西、索倫七縣。
轄旗：索倫旗、新巴爾虎左翼旗、新巴爾虎右翼旗、陳巴爾虎旗、額爾克訥左翼旗、額爾克訥右翼旗、巴彥旗、莫力達瓦旗、布特哈旗、阿榮旗、喜扎嘎爾旗十一旗。

乙、院轄市

一、大連市

面積：（包括在遼寧省內）

人口：七二二、九五〇人。

二、哈爾濱市

面積：九二九・五〇方公里。

人口：七一三、九四三人。

三、瀋陽市

面積：二二九・〇〇方公里。

人口：一、〇九四、八〇四人。

東北十省縣名表（附乙種市）

熱河省

縣市名	舊名（或土名）	備註

承德		今省會清承德府治民國二年二月改縣
灤平		清舊縣民國因之
平泉	平泉州	民國二年二月改縣
隆化	皇姑屯	清舊縣民國因之
豐寧		清舊縣民國因之
凌源	建昌	民國三年一月改名塔溝縣八月改今名
朝陽	龍城	清朝陽府治民國二年二月改縣
阜新		清舊縣民國因之
建平		清舊縣民國因之
綏東		民國二十年九月移治八仙筒
赤峯		清赤峯直隸州治民國二年二月改縣
開魯		乃就阿魯科爾沁東西札魯特三旗設立
林西		清舊縣民國因之
圍場		清圍場廳民國二年二月改縣二十年九月移治錐子山鎮
經棚		舊經棚設治局民國三年十一月改縣
林東		舊林東設治局民國二十一年八月改縣
魯北		民國以開魯縣北札魯特阿魯科爾沁一旗置設治局後改縣
天山		舊天山設治局後改縣

遼寧省

縣市名	舊名（或土名）	備註
瀋陽市		今省會
錦州市		近設市
營口市		舊營口直隸廳民國二年三月改縣今改爲乙種市
鞍山市		舊鞍山鎮近設市
旅順市		近設市
瀋陽	承德	清奉天府治民國二年一月改承德縣三年五月改今名
錦縣		清錦州府治民國二年改縣
金縣	金州	民國二年二月改縣
復縣	復州	民國二年二月改縣
蓋平		清舊縣民國因之
海城		清舊縣民國因之
遼陽		舊遼陽州民國二年二月改縣
本溪		清舊縣民國因之
撫順		清舊縣民國因之
新民		清新民府治民國二年二月改縣
遼中		清舊縣民國因之

台安		民國三年析遼中縣八角台與黑山縣迤南地置縣
黑山	鎭安	民國三年一月因與陝西省鎭安縣同名故改今名
北鎭	廣寧	清廣寧廳民國三年一月因與湖南廣寧縣同名故改今名
盤山		清盤山廳民國二年二月改縣
義縣	義州	民國二年二月改縣
錦西		清錦西廳民國二年二月改縣
興城	寧遠	民國三年因與甘肅湖南新疆山西四省寧遠縣同名故改今名
綏中		清舊縣民國因之
莊河		清莊河廳民國二年二月改縣
岫巖	大寧	清岫岩州民國改縣
鐵嶺		清舊縣民國因之

安東省

縣市名	舊名(或土名)	備註
通化市		今省會前屬舊遼寧省
安東市		前屬舊遼寧省
通化		清舊縣民國因之前屬舊遼寧省
安東		清舊縣民國因之前屬舊遼寧省
鳳城	鳳凰	清鳳凰直隸廳民國二年改縣三年改今名前屬舊遼寧省

寬甸		清舊縣民國因之前屬舊遼寧省
桓仁	懷仁	民國三年一月因與山西懷仁縣同名故改今名前屬舊遼寧省
輯安		清舊縣民國因之前屬舊遼寧省
臨江		清舊縣民國因之前屬舊遼寧省
長白		清長白府治民國二年二月改縣前屬舊遼寧省
撫松		清舊縣民國因之前屬舊遼寧省
濛江		清濛江直隸州治民國二年三月改縣前屬舊吉林省
輝南		清輝南直隸廳民國二年二月改縣前屬舊遼寧省
金川		民國十八年析輝南縣地置治小金川前屬舊遼寧省
柳河		清舊縣民國因之前屬舊遼寧省
海龍		舊海龍府民國二年二月改縣十八年改輝北但部本仍沿舊名前屬舊遼寧省
東豐	東平	民國三年一月因與山東東平縣同名故改今名前屬舊遼寧省
清原		民國析開原縣地置治八家鎮前屬舊遼寧省
新賓	興京	清興京府治民國初改縣十八年改今名前屬舊遼寧省
孤山		舊爲大孤山鎮今改爲縣前屬舊遼寧省

遼北省

縣市名	舊名（或土名）	備註

遼源	鄭家屯	今省會舊遼源州民國二年二月改縣前屬舊遼寧省
四平市		舊爲四平街鎮今改爲乙種市前屬舊遼寧省
北豐	西安	前屬舊遼寧省清舊縣民國因之今因與陝西西安縣同名故改今名
西豐		清舊縣民國因之前屬舊遼寧省
開原	上京	清舊縣民國因之前屬舊遼寧省
彰武		清舊縣民國因之前屬舊遼寧省
法庫		清法庫廳民國二年二月改縣前屬舊遼寧省
康平		清舊縣民國因之前屬舊遼寧省
昌圖		清昌圖府治民國二年二月改縣前屬舊遼寧省
梨樹	奉化	民國三年一月因與浙江奉化縣同名故改今名前屬舊遼寧省
通遼		民國析遼源縣地置治白音太來前屬舊遼寧省
開通		清舊縣民國因之前屬舊遼寧省
瞻榆		民國四年劃突泉縣南境析置治開化鎮前屬舊遼寧省
安廣		清舊縣民國因之前屬舊遼寧省
洮南		清洮南府民國二年改縣前屬舊遼寧省
突泉	醴泉	舊醴泉縣三年改今名前屬舊遼寧省
洮安	靖安	舊靖安縣三年改今名前屬舊遼寧省
鎮東		清舊縣民國因之前屬舊遼寧省
長嶺		清末以農安縣西境及新安鎮迤北新墾旗地置縣治長嶺子前屬舊吉林省

吉林省

縣市名	舊名（或土名）	備註
吉林市		今省會
長春市		近設市
永吉	吉林	舊吉林省治民國二年三月改縣十八年八月改今名
長春	寬城子	舊長春府治民國二年二月改縣
敦化		清舊縣民國因之
蛟河		舊爲蛟河鎮今新置縣
樺甸		清宣統元年在樺樹林子置縣
磐石		清光緒間就奉天圍場設磐山巡檢尋改爲磐石縣民國因之
雙陽		清光緒八年析伊通縣地置雙陽縣
伊通		清伊通直隸州治民國改縣
懷德		清舊縣民國因之前屬舊遼寧省
農安		清爲內蒙古郭爾羅斯前旗地置農安縣治龍灣
九台		舊爲九台鎮今新置縣
扶餘	伯都訥	舊新城府二年三月改縣三年一月改名扶餘
德惠		清宣統間析長春府北境之懷德沐惠二鄉置德惠縣治大房身
舒蘭		宣統二年析吉林府北境之舒蘭站地置縣治朝陽川

榆樹		舊榆樹直隸廳民國二年三月改縣
五常		清五常府治二年三月改縣
雙城		清雙城府治二年三月改縣
乾安		民國十六年析長嶺農安二縣地置

松江省

縣市名	舊名（或土名）	備註
牡丹江市		今省會舊牡丹江鎮近設市前屬舊吉林省
延吉市		近設市
寧安	寧古塔	清寧安府民國二年三月改縣前屬舊吉林省
延吉		清延吉府民國二年三月改縣前屬舊吉林省
安圖		清舊縣民國因之前屬舊吉林省
和龍		清舊縣民國因之前屬舊吉林省
汪清		清舊縣民國因之前屬舊吉林省
琿春		舊琿春廳民國二年三月改縣前屬舊吉林省
東寧		清東寧廳民國二年三月改縣前屬舊吉林省
穆稜		清舊縣民國因之前屬舊吉林省
葦河	葦沙河	民國初設葦沙河設治局後改置縣治葦沙河前屬舊吉林省
延壽	長壽	清爲長壽縣民國初改爲同賓縣十八年改名延壽前屬舊吉林省

縣市名	舊名（或土名）	備註
珠河		民國初設烏珠河設治局後改置縣治烏珠河前屬舊吉林省
賓縣		清光緒間置賓州廳同知宣統初升府民國改縣前屬舊吉林省
阿城		清宣統初置縣民國因之前屬舊吉林省
方正		清舊縣民國因之前屬舊吉林省
綏芬		舊綏芬鎮近改縣前屬舊吉林省

合江省

縣市名	舊名（或土名）	備註
佳木斯市		今省會舊佳木斯鎮近設市前屬舊吉林省
樺川		清舊縣民國因之前屬舊吉林省
依蘭	三姓	清依蘭府二年三月改縣前屬舊吉林省
勃利		民國析依蘭縣地置縣前屬舊吉林省
密山		舊密山府民國二年三月改縣前屬舊吉林省
虎林		清虎林廳民國二年三月改縣前屬舊吉林省
寶清		民國析同江密山二縣地置縣前屬舊吉林省
饒河		清舊縣民國因之前屬舊吉林省
撫遠	綏遠	清綏遠州民國初改縣十八年改今名前屬舊吉林省
同江	永康	舊永康州民國元年改縣三年因與浙江雲南兩省永康縣同名故改今名前屬舊吉林省

富錦		清舊縣民國因之前屬舊吉林省
綏濱	鄂來木城	舊爲湯原縣綏東城民國初置設治局十八年改縣前屬舊黑龍江省
蘿北		舊蘿北設治局二年三月改縣前屬舊黑龍江省
湯原		遼五國部金奴里國地清爲吉林插花地光緒三十二年置縣三十四年劃歸舊黑龍江省
通河	大通	舊大通縣民國三年一月改今名前屬舊吉林省
鳳山		民國十八年析通河縣地置設治局於岔林河上游近改縣前屬舊黑龍江省
鶴立		舊鶴立崗近改縣前屬舊黑龍江省
林口		原爲林口鎮近置縣前屬舊吉林省

黑龍江省

縣市名	舊名（或土名）	備註
北安市		今省會舊北安鎮近設市
璦琿		民國元年裁黑河府併入璦琿直隸廳二年改縣
漠河		舊爲漠河金廠民初置設治局尋改縣
鷗浦		本漠河縣東倭西門地民初置設治局十八年改縣
呼瑪		民國十三年移治古站
遜河		民國二十年由設治局升縣
奇克		本璦琿縣東南奇克特卡倫後置設治局十九年改縣

烏雲		舊爲蘿北縣地民初以溫和鎭寶興鎭兩卡置設治局二十年改縣
佛山		民初置設治局十八年改縣
嫩江	墨爾根	舊嫩江府二年三月改縣
龍鎭		舊爲龍門烏古安古三鎭民初置龍門鎭設治局後改縣
孫吳		近置縣
克山		舊爲訥河縣屬二克山地方民元置設治局後改縣
通北		舊屬海倫民國置縣
海倫		清海倫府民國二年改縣
綏楞		舊爲綏化縣上集廠地方民國置縣
慶城	餘慶	舊餘慶縣民國三年改今名
綏化		清綏化府民國二年改縣
望奎		舊爲海倫縣屬望奎鎭民國置縣
明水		舊名三里三鎭又名興隆鎭民國十二年設三里三設治局後改縣
拜泉		清光緒三十四年置縣
依安		民國十四年置設治局後改縣
訥河		舊訥河直隸廳二年改縣
德都		本克山縣北境地民十八年置設治局治納謨爾河德都鎭近改縣
克東		民國十六年十二月以克山縣治之東設克東設治局近改縣
鐵驪	鐵山包	舊屬慶城縣民國四年置設治局後升縣

嫩江省

縣市名	舊名(或土名)	備註
齊齊哈爾市		舊龍江府治今省會近設市前屬舊黑龍江省
龍江	齊齊哈爾	又名卜奎前屬舊黑龍江省
景星		民初置設治局十八年改縣前屬舊黑龍江省
泰來		舊爲杜爾伯特札賚特兩鎭屯墾局屯墾地方民國置縣前屬舊黑龍江省
林甸		民初置設治局七年改縣前屬舊黑龍江省
安達		清安達廳二年三月改縣前屬舊黑龍江省
青岡		舊屬海龍廳後改爲縣治柞樹岡前屬舊黑龍江省
蘭西	雙廟子	舊屬呼蘭民國置縣前屬舊黑龍江省
肇東		民國元年因昌五城分防經歷昌五設治局二年十二月改縣前屬舊黑龍江省
肇州		清肇州廳二年三月改縣前屬舊黑龍江省
大賚	綽爾城	舊大賚廳民初改縣前屬舊黑龍江省
呼蘭		清呼蘭府治二年三月改縣前屬舊黑龍江省
巴彥		清巴彥州二年三月改縣前屬舊黑龍江省
木蘭		明哈阿哈衞地清屬呼蘭縣光緒三十一年置縣前屬舊黑龍江省
甘南		本龍江縣西境民國置甘南設治局近改縣前屬舊黑龍江省

富裕		本龍江縣富裕鄉民國十八年置設治局於烏魯爾河南大來克屯近改縣前屬舊黑龍江省
東興		舊爲旗丁屯墾地有協領管轄民初因之後改設治局近改縣前屬舊黑龍江省
泰康		民國析林甸安達諸縣地置泰康設治局近改縣前屬舊黑龍江省
肇源		近置

興安省

縣市名	舊名（或土名）	備註
海拉爾市	呼倫	今省會舊呼倫府治近設市前屬舊黑龍江省
呼倫		清呼倫府民國二年改縣前屬舊黑龍江省
奇乾		原屬呼倫貝爾民國設奇乾設治局尋改縣前屬舊黑龍江省
室韋		舊爲吉拉林設治局民國改縣前屬舊黑龍江省
臚濱	滿洲里	舊臚濱府民國二年改縣前屬舊黑龍江省
雅魯	札蘭屯	原由札蘭屯濟沁河兩稽墾局合設雅魯設治局後改縣前屬舊黑龍江省
布西	布西特哈	民國四年置設治局二十年改縣前屬舊黑龍江省
索倫		民國析呼倫縣置縣前屬舊黑龍江省

（註）東北在淪陷時期、僞「滿洲國」在日寇策劃下，分熱河省爲「興安西省」，「錦州省」，「熱河省」

三省。分舊遼吉黑三省爲「安東省」，「奉天省」，「通化省」，「興安南省」（以上大抵屬舊遼寧省），「間島省」，「吉林省」，「牡丹江省」，「東安省」，「三江省」，「濱江省」（以上大抵屬舊吉林省），「龍江省」，「北江省」，「黑河省」，「興安北省」，「興安東省」（以上大抵屬舊黑龍江省）。抗戰勝利時，因便利接收故，除熱河省仍沿舊疆外，爲一時權宜計，約合敵僞時代之「興安北省」，「興安東省」爲興安省；「黑河省」，「北江省」爲黑龍江省；「三江省」，「東安省」爲合江省；「牡丹江省」，「濱江省」爲松江省；「吉林省」，「間島省」爲吉林省；「通化省」，「安東省」爲安東省；改「龍江省」爲嫩江省；改「奉天省」爲遼寧省；改「興安南省」爲遼北省。

第二章 邊界交涉

第一節 日俄戰爭前的中俄東北邊界交涉

俄國勢力的擴展到遠東，和元人的西征有密切關係，因俄國已被蒙古化，受東方的影響比西方的影響爲深，所以假若說俄國是個東方的西方國家，也毫不爲過。俄國自彼得大帝以來，卽有兩個傳統政策：一個是在地中海覓一出海口，一個是在遠東覓一出海口；可是西方列強衆多，帝俄頗難實現其政策，而在東方則沒有巨大阻礙，因此竭力向東方活動。

帝俄侵略東方的初步，先是占領中亞細亞一帶，因爲自從帖木兒帝國瓦解後，已沒有能和帝俄對敵的對手方，自然不會遭遇到挫折，次乃向西伯利亞遠東一帶擴展，故當明、淸之際，帝俄的勢力已達到黑龍江。

庫頁島原屬於中國，是明顯的事實，如大淸一統志說：「吉林寧古塔所屬大洲……」淸會典圖說中也有明文，當後金天命間已確屬於中國（滿洲），祇因淸人在該處不編佐領，不列八旗，未實行統治，故在乾隆初，俄人的勢力便侵入庫頁島，那時中國尚不知道，後來俄人的勢力更侵入南部，日人也在該處竭力擴展，乃演成了北俄南日的分據局面。到了光緒八年（一八八二年）日俄簽訂協定，彼此私自將千島劃歸日本，庫頁島劃歸帝俄，當時清廷竟未提出抗議。日俄戰爭後，帝俄失敗，日本的勢力更加倔強，於是又恢復北俄南日的局面。

尼布楚條約（康熙二十八年——一六八九年——九月九日）的訂立，就外交方面說，實在是失敗的。因為該約以外興安嶺及額爾古納河為中俄境界，致把外興安嶺以北和額爾古納河以西數十萬方里地無形喪失。尼布楚條約訂立的經過，是因清初俄哥薩克人（當時中國名之為羅剎）侵入雅克薩尼布楚，築木城駐守，並且漸向南部擴展；康熙二十一年（一六八二年），三藩既平，乃命寧古塔將軍巴海，副都統薩布素建木城於瑷琿呼瑪爾，從寧古塔出兵千五百名往守，又使蒙古車臣汗和俄人斷絕商業關係，並大破俄軍。二十四年，都統命彭春、薩布素等更率水陸軍一萬八千人，野礮一百五十尊，攻城礮四十尊，攻毀了雅克薩。次年，俄人又攜大礮八門，占領雅克薩，重築城壘，清廷復命薩布素等率陸軍三千，舟師百五十艘，圍攻雅克薩。俄人終因求援無應，且城內疫癘流行，雅克薩城乃再爲我國攻克。那時適値俄皇遣使請撤圍修好，清廷也因創業未久，且在三藩之亂方平以後，國基未固，不能傾全力注意邊疆，故經荷蘭使節的調停，雙方派遣全權大臣赴尼布楚勘定疆界，議定黑龍江界約八條，用滿、漢、蒙、拉丁、俄羅斯五種文字，在格爾畢齊河東岸額爾古納河南岸刊石立碑，是爲尼布楚條約，也卽是清代我國的第一次喪失國土。

瑷琿條約訂立的時期，適値太平天國革命和英法聯軍入寇期間，故而帝俄有機可乘。先是咸豐四年（一八五四年），俄人以艦隊順黑龍江而下通知勘界，嗣後調哥薩克兵萬二千名據黑龍江口，威脅我國和他商議境界，清廷乃任命奕山與俄人會商於瑷琿城，奕山因懾於俄國的兵威，不敢堅抗，乃在咸豐八年（一八五八年）和俄國締結瑷琿條約，致將黑龍江以北，外興安嶺及烏第河以南一百四十萬方公里地喪失，又把烏蘇里江以東至海一百萬方公里地作爲兩國共管的境界。

瑷琿東岸，精奇里江以南，有我國江東六十四屯地，廣袤達六千六百餘方公里，依據瑷琿條約仍屬我國領土，並且咸豐十年（一八六〇年）中俄北京條約內也申明黑龍江左岸中國人居住地，俄人不得侵占，並永無變更等語。但到光緒二十六年（一九〇〇年）

義和團事起，俄軍竟乘機驅逐我國各屯居民，加以焚燒屠殺，其中少數倖免的祇得鳧水逃回江右，俄人全據其地，雖屢經交涉，迄未解決。

中俄北京條約的締結，由於英法聯軍陷北京，文宗北狩熱河，恭親王奕訢窮於應付，因此依賴俄使，居中調停，英法遂和中國訂立北　和約，事後俄國挾調停之功，要求酬勞，於是提議璦琿條約所定烏蘇里江以東共管地歸屬俄國，當時清廷無力拒絕，不得已在咸豐十年（一八六〇年）和俄國訂立中俄續增條約十五款，亦稱中俄北京條約，又把黑龍江下流以南，烏蘇里江等以東到海的地方，正式割讓俄國。東北的地方當時被帝俄取得的如此之多，我們眞佩服目光遠大的林則徐先生在此以前便說：「終爲中國患者，其俄羅斯乎？吾老矣，君等當見之！」（見李元度先生事略林文忠公事略）

甲午中日戰爭（一八九四——一八九五年，）中國失敗，訂立馬關條約，自此李鴻章欲聯俄制日，這種以夷制夷的方法是李氏的一貫外交政策，馬關條約訂立後，清廷請俄人干涉，俄國恐力量不敵日本，乃聯合法德以公文致日本外交部抗議，且以兵力威迫，日本知衆怒難犯，乃允把遼東半島歸還中國。那時，中國感激俄國的幫助，因此和俄國締結軍事祕密協定，俄國擔保我國如果再遇日本的侵略，當出兵助我以抗日本，我國則允俄國自赤塔到海參崴間建築鐵道，此卽所謂中東鐵路。光緒二十四年（一八九八年），俄國又向我國索得旅順、大連租借權，以二十五年爲期，遂建旅順爲俄國的海軍港，大連灣爲商業港，更要求建築自哈爾濱到旅順、大連的中東支路，此卽所謂南滿鐵路。不久，俄政府以遼東租借地改建關東省，仿西伯利亞制度置總督以治之，以旅順爲首府，儼然當作帝俄的領土了。義和團事起後，俄國藉口保護滿洲鐵道，直派軍隊進占；又恐列強疑忌，對外宣稱俟滿洲秩序恢復後，當卽撤兵。此後屢次威脅中國和他締結特別條約，到聯軍議和，帝俄仍藉口和中國有特殊關係，東三省問題應歸中俄兩國直接自行商議，此與聯軍入都別爲一事。及辛丑條約行將成立，俄國乃另提出交還東三省條件，條件復極苛刻，李鴻章迫於形勢，已將允許，幸東南各省士紳和民衆起而力爭，日本也因俄國的迫還遼東半島而懷恨，乃會同英美等國加以抗阻，俄國的另約因而未遂，不得不與各國訂約，分三期撤兵，初尚按期實行，到第二期不但不撤兵，且反增兵，並提出新要求，幾乎想將滿洲置於俄國保護之下，英、美、日三國乃同向中國警告，淸廷因得三國外援，乃毅然拒絕帝俄要求，俄人因見形勢已非，也就自行撤回要求案，及後復提如下的新議：（一）擴張華俄道勝銀行的營業權。（二）營口稅關事務，今後二十年委託華俄道勝銀行管理。（三）奉天、吉林兩省設交涉局，由中俄兩國委員組織，關於兩地的政治、軍事、經濟、衞生、司法等事，相互協商辦理。（四）由北京至張家口經庫倫恰克圖的蒙古鐵道，歸華俄道勝銀行修造。（五）西藏西北部，行中俄協同行政制度。日本聽到了這項消息，輿論譁然，主張和俄國決戰，必令俄國歸還東三省與中國，因此引起日俄戰爭，蓋日本早圖囊括滿洲，且在俄國提議的先一年（光緒二十八年）已和英國訂立同盟條約，所以有恃無恐，敢於和俄人開戰了。

第二節　日俄戰爭前的中韓邊界交涉及中日形勢

在明萬曆間，日本已蓄意侵略我國，那時日本大臣豐臣秀吉氏，野心很大，曾說當併日本、朝鮮、支那爲一大帝國。並且曾經攻略朝鮮，以圖侵明，朝鮮不敵，向中國乞援，明發大軍救援，大敗日軍，旋復因輕進致敗，成爲相持之局。至豐臣秀吉死，日軍乃退。一八六八年，日本明治天皇卽位，勵精圖治，國勢突強。乃於光緒五年（一八七九年）併吞琉球，又在甲午之後，迫中國放棄朝鮮，奪我臺灣等地，而於宣統二年（一九一〇年）又將朝鮮實行吞併。

間島乃圖們江畔的一島，我國稱之爲江通，或曰夾江，韓人稱之爲間島，或曰墾土（Kentu）。咸豐間，韓人已經渡江開墾。到光緒七年（一八八一年），吉林將軍銘安，命知府李金鏞辦理琿春招墾事業，纔發現韓人移居開墾事跡，因此銘安和邊務督辦吳大澂氏奏請將越界私墾的韓民，編入敦化和琿春兩縣民籍。但韓王上書，請領回韓人，淸廷許之。豈知韓人樂不思蜀，強言土門非豆滿江，豆滿江以北非中國領土，雙方派員查勘，都同意以豆滿江爲國界。後來吉林將軍長順徵韓民墾地的租稅，並編韓民入我國國籍，韓政府也表示同意，吳大澂更扼圖們江以爲重防，但時日一久，韓人又漸漸越界開墾，韓國受日本保護後，遂變爲中日間的問題。日本圖謀間島，無微不至，對於間島的區域，更衆說紛紜，各不相同，歷次交涉，到宣統元年（一九〇九年），雙方訂立間島條約（卽圖們江中韓界務條款），方告一結束。自此，鴨綠江西岸爲我國遼寧省，東岸則屬朝鮮平安道，圖們江北岸屬我吉林省，南岸則屬朝鮮咸鏡道，中韓的界線雖得確定，可是圖們江從「土」字界碑以下，到江流入海爲止，三十里地，北岸屬俄，南岸屬日，已不是我國的領土了！

第三節　日俄戰爭後的東北交涉

日俄戰爭是後來日本侵略中國的一個基本原因，日俄戰爭爆發在光緒三十年（一九○四年），次年，帝俄海陸軍失敗，雙方在美國樸資茅斯地方媾和，訂立樸資茅斯和約。該約關於我國東北的部分有：第五款：俄國將旅順、大連及附近領地、領海的租借權與關聯租借權，及組成一部之一切權利、特權讓與日本。第六款：俄國將長春、旅順間之鐵道及其一切支線，并同地方附屬一切權利、特權及財產與其所經營之一切炭坑，無條件讓與日本。根據此約，日本乃攫得侵略我國的基礎。同年，中日訂立滿洲善後協約，中國除承認樸資茅斯條約中第五款和第六款外，又締附約十一款，日本又取得了陸路通商的優惠待遇和安奉鐵路經營權以及租界等，這些都是後來侵略我國東北的根據。

俄國自從第一次歐戰失敗後，國內發生革命，帝俄被推翻，革命政府設立，即宣言凡帝俄時代在中國攫得的權利，無論屬於政府或資本家的，都自動歸還中國。後來因恐怕日本乘機擴展其侵略，因此保留了中東鐵路，和我國訂立解決中俄懸案大綱協定，謂到相當時期，中國可備款贖回中東鐵路；又和那時東三省當局締結奉俄協定，內容大都相同，且第二項中，將中東鐵路歸還我國的期限，自八十年縮到六十年，並謂若情形許可，尙可縮短之。後來，蘇聯藉哈爾濱領事館作中東鐵路職工聯合會，爲宣傳赤化總機關，祕密宣傳共產主義，斯時適值我國淸黨時期，因此政府下令搜查哈爾濱俄國領事館，獲得確實證據，乃撤換蘇聯正副局長，中蘇因此絕交，蘇聯並出兵襲我東北邊界，我國戰敗，雙方言和訂立條約，但此約在中國並無新的損失，僅恢復以前的狀態能了。這是民國十八年的事情，後來中蘇復交，迄今邦交敦睦。

日本自從勢力侵入南滿後，有兩個問題急待解決，卽旅順、大連租借權和南滿鐵路經營期的延長。當第一次歐戰爆發後，日本假借對德國宣戰作口實，出兵山東，占據膠州灣，後來日本因在靑島獲得德國的靑島總督有祕密承認袁世凱稱帝的文件，乃洞知袁氏蓄意稱帝，故一方面假意引誘袁氏作帝王的迷夢，使中國內部發生紊亂，一方面乘機向袁氏提出二十一條要求，袁氏被迫承認多款，屈辱無以復加，這二十一條中，關於東北的，其要點有：（一）將旅順、大連及南滿、安奉兩鐵路租借期限均展至九十九年。（二）日本國臣民在南滿及東部內蒙古，爲監造工商業應用的廠房或爲耕作，可得其需要土地的租借權或所有權。（三）日本臣民得在南滿及東部內蒙古，任便居住往來，並得經營工商業。以上三點在袁世凱政府和日本所訂的中日條約中已大致承認，此外如在南滿之要求開採礦產權，及南滿東部內蒙古鐵路等權，這些要求全異常毒辣，故我國不承認他有法律上的效力，在凡爾賽和會和華盛頓會議中都曾提請取消，而未達到目的。到民國十二年，我國國會提請政府向日本照會民國四年的二十一條中日協約無效，日本覆文謂中國有意破壞成約，日本萬難承認。同時向各國作外交活動，尤其是對英國說，倘該約全廢，則旅順、大連勢必由中國收回，那麼英國的九龍必為其續，故要求英國對日表示同情。從此日本更屢次借我巨款，一方面助長我國的內戰，一方面換得許多利益，如借給北方政府段祺瑞內閣的款項，總計便不下數萬萬元，這些借款大半都用作軍費，助長南北戰爭的延長。當國民革命軍北伐時，日本認我國統一，又在民國十七年五月三日發動五三慘案，阻礙我軍北上，後來因其奸未售，張作霖反通電南北停戰，日人恐怕張氏服屬中央　乃在皇姑屯炸斃張氏，其子學良因鑑於日本的毒辣，國難家仇集於一身，因此同年在東北易幟，中國於是得到統一。至此，日本恐中國自此勵精圖治，乃於民國二十年九月十八夜，派兵突擊，占據瀋陽。日本由欲占領滿洲，而思占領滿、蒙，由欲占領滿、蒙，而思占領華北，欲據有華北，而思囊括我全中華，這便是七七事變的所以爆發的主因。

自九一八事變以來，日本攫得東北全部，在政治方面捧出滿清廢帝溥儀做傀儡，建立了所謂「滿洲國」；在經濟方面，則竭力搜刮東北全部資源，想實現他征服全世界的迷夢。幸我國上下一心，堅決抗戰，終於消滅了日本帝國主義者。抗戰勝利後，淪陷了十四年的東北，全部由我收復，中華民國三十四年八月十五日，國民政府批准了中蘇友好條約，其中要點有：蘇聯對華聲明：蘇聯重申尊重中國在東三省之完全主權及領土行政之完整，蘇聯聲明無干涉中國内政之意。關於外蒙、中東、滿鐵問題：中東及南滿兩路之幹線稱爲中國長春鐵路，由中蘇共有共營，以三十年爲期，期滿無償歸還中國；上列鐵路純爲商業性質之運輸事業，路警由中國政府組織，不由鐵路自辦；除中蘇兩國對日作戰期間外，該路不運蘇聯軍隊。共同所有與共同所營，係以中東鐵路在俄國與中蘇共管時期，與南滿鐵路在俄國管理時期所築之鐵路輔助線，而爲該兩鐵路之直接需要者，以及上開時期所建置，並直接供應鐵路之用之附屬事業爲限，一切其他鐵路支線與附屬事業，應歸中國完全所有。又，大連與旅順兩協定：（一）大連，中國宣布大連爲自由港，各國貿易航運一律開放。大連一切行政權屬於中國，惟港務長官由蘇籍人員擔任，開放期間定爲三十年。（二）旅順，在中蘇旅順協定有效期間三十年內，以旅順口爲中蘇共同使用之海軍根據地，該地區民政歸中國管轄，在該區域內並設中蘇軍事委員會，以處理有關共同使用等問題，將來期滿後，蘇聯當無條件退出。但勝利以來，已經二十二個月了，東北的情形仍是一片混亂，大連等也未能順利接收，其主要的原因，當然是國共兩黨的未能合作，內戰的日漸擴大；而國際間的彼此猜忌也是一個極大的原因。美國耶非氏說：「誰得了滿洲，誰就得了中國」，我們眼看東北的烽火遍野，眞是感慨無限。

第三章　東北居民的史的考察

第一節　總說

東北一帶的人類歷史，從舊石器時代的遺物和現存的遺蹟來看，可說非常悠久。但石器時代這一帶的人類事蹟，現在還沒有人研究得明白；便是石器時代以後的古代滿蒙史實，滿蒙人自己也毫無記載。中國史籍上記載最早的是肅愼，故東北的民族，其著者有貉族、鮮卑（卽錫北）和肅愼三種，現把它們分節略述於後。

第二節　貉族

「貉」與「貊」通，又稱作濊貉，或簡稱作濊，「濊」又作「薉」，作「穢」。我國史書的朝鮮、夫餘、高句麗和百濟全屬這一族。貉族雖大多數屬於朝鮮史上的民族，但古代的朝鮮，當在現今遼水流域，本同中國不能分割（詳見後），並且貉族受中國文化的影響很大，四裔中能傳中國文化的，當推他為第一。再就人種上說，也很早和漢族的移民同化，若果說貉族是構成漢族的主角之一，也不爲過。

貉族的最古居地，有東方和西方兩說，詩韓奕：「溥彼韓城，燕師所完，以先祖受命，因時百蠻。王錫韓侯，其追其貊，奄受北國，因以其伯。」據鄭玄箋，韓國當在現今陝西韓城縣，則貉族發源於西方，後來方遷到東方。據王肅說，韓國在涿郡，則貉族當初居東方。淸俞正燮主張鄭說（詳見癸巳類稿卷二韓奕燕師義），他的論證是以經證經，頗足信，那麼貉族的居地，本在周畿的北方。但這卻不能便說是貉族自西向東遷，也可說周代貉族自東向西布，後來被玁狁所迫，重復東遷（鄭箋云：「其後追也，貉也，爲玁狁所逼，稍稍東遷」）。戰國時代的貉族，其先似乎在燕的東北，或竟與燕雜居。後來，因了燕開上谷、漁陽、右北平、遼東、遼西五郡，被燕人壓迫，不得不再向東遷，移住遼東之外。

古代冀（今河北、山西、河南、黃河以北地）、揚（今江蘇、安徽、浙江地）二州有鳥夷（據禹貢、僞古文尚書誤作島夷），又，詩商頌：「天命玄鳥，降而生商」，左傳昭公十七年：「秋，郯子來朝，公與之宴。昭子問焉，曰：『少皡氏以鳥名官，何故也？』郯子曰：『……我高祖少皡摯之立也：鳳鳥適至，故紀於鳥，爲鳥師，而鳥名，鳳鳥氏，曆正也；玄鳥氏，司分者也；伯趙氏，司至者也；靑鳥氏，司啓者也；丹鳥氏，司閉者也；祝鳩氏，司徒也；鴡鳩氏，司馬也；鳲鳩氏，司空也；爽鳩氏，司寇也；鶻鳩氏，司事也；五鳩，鳩民者也。』」這可證明中國古代沿海一帶到淮水及渤海灣等處的民族，大多奉鳥爲圖騰。且貉族和殷的文化也很類似，姜亮夫氏殷夏民族考，以爲說文訓夷作東方之人，太誓：「受有億兆夷人，離心離德，」因說：「東夷、淮夷等或者還是殷之先民也難說定。」

殷亡後，箕子逃亡到朝鮮稱王，古代的朝鮮，上文已說過非在現今朝鮮境，據呂誠之（思勉）先生考定：「度其大較，當在燕之東北，與貉雜居」（見中國民族史第六章），其後展轉播遷至今朝鮮之境。箕氏的朝鮮，傳了四十餘世，朝鮮侯準自行稱王，後被燕人衞滿所奪。漢武帝元封三年（西曆紀元前一一〇年），滅朝鮮，分置樂浪、臨屯、玄菟、眞番四郡，從此被中國統治了約四百年。西晉末年，高句麗、百濟漸次興起，唐初將他滅掉，收爲郡縣。不久，又被新羅、渤海占領。其後，渤海亡於遼，而半島之地爲高麗王氏所統一，然北部仍屬荒廢，遂爲後來女眞人興起之原。

夫餘的所在地，在今吉林西部，介乎肅愼和東胡之間，東漢光武帝建武二十五年

（西曆四九年）纔通中國。東漢末，夫餘服屬遼東。晉代，夫餘被鮮卑慕容廆襲擊，其王依慮自殺，其族人常被售與中國作奴役。從此以後，祇有魏書高句麗傳曾經提及夫餘被勿吉壓迫，逃向朝鮮。新唐書說渤海靺鞨內有一部分是夫餘的舊地。其餘諸史上都不再見。

第三節 鮮卑

談到鮮卑族，有三點必先加以說明：

（一）山戎、無終、北戎的種族問題

杜預春秋釋例土地名以山戎、無終、北戎三名為一。舊時學者都以為北戎在北方，無終是在東北的山戎的一國。其實，山戎和無終的瓜葛，並無確證。春秋經昭公元年載：「晉荀吳帥師敗狄於大鹵」，左氏傳又說：「敗無終及羣狄於太原」，如此，無終或是狄（匈奴）的一支，和東胡系的山戎並不相涉。春秋時，山戎曾攻擊燕齊，可見他的地方在河、濟。戰國時，燕將秦開為質於東胡，後來大破東胡，闢地千里。東胡即山戎，就地望上說，似可無疑。至於北戎的「北」字乃指方位言，古本竹書紀年說晉人敗

北戎於汾隰；春秋時，北戎曾和鄭、齊、魯等國作戰。「北戎」或是許多部族集合的公

共名稱，其中一部分或許屬東胡，一部分或許屬他族。他們的根據地當在古代黃河的北

岸。

（二）東胡的名號問題

「東胡」二字，昔人都以爲是通古斯的譯音。其實，「通古斯」意卽是「豬」，乃

通古斯人的仇敵題給他們的惡名。而「東胡」兩字，卻是中國因他們的居地在匈奴的東

方，而給他們取的名號，換言之，意卽指他們是東方的胡人。

（三）烏桓和鮮卑的名號問題

「烏桓」，後漢書卷一二〇說：「烏桓者，本東胡也；漢初匈奴冒頓滅其國，餘類

保烏桓山，因以爲號焉。」又釋鮮卑說：「鮮卑者，亦東胡之支也；別依鮮卑山，故因

號焉。」這種說法，並不足信，因爲「鮮卑」是他們的大稱，「烏桓」是他們的小部，

實非種族因山的名稱而得名，乃是把種族的名號呼喚他們所占據的山，這種例子，在歷

史地理上是很多的。並且鮮卑一族在此以前，已見於記載。禹貢上所說的雍州有析支，

析支便是鮮卑（見呂著中國民族史第四章附錄一）。鮮卑族的居地，在裏海到西伯利亞

（西伯利亞卽由鮮卑一音而得）和遼水流域一帶。

簡括言之，當春秋時代，現今河北省東南部和山東省北部，有一種自稱鮮卑族的種族，中國人最初稱他做山戎，繼而號他做東胡。後來他們北遷到燕所開的五郡等地。秦漢間，東胡被匈奴進攻，他們的殘部纔分做鮮卑和烏桓兩部，依據在蒙古東部二山（今蘇克蘇魯、索岳爾濟等山），這二山便因這二部族的名號而得名。漢代將烏桓移殖到五郡塞外，助中國捍禦匈奴，後來，纔逐漸遷移到塞內。曹操曾因烏桓作亂而親自征伐，大破之於柳城（今熱河境），把他的「餘衆萬餘落悉徙居中國」，因而被漢族所同化。

東胡的另一支——鮮卑，占據在烏桓的北方，起而附合匈奴，後漸歸化中國。雖也曾和漢室夾擊匈奴，但卻時常在邊境擾亂。自北匈奴西徙，鮮卑乃盤據了他的故地。漢桓帝時，鮮卑的大人（卽酋長）檀石槐勇武有智略，統一了東西諸部，年向邊境侵略。檀石槐死後，其子和連繼位，才能不及其父，且內部又呈分裂，因此逐漸衰弱。大人中有名軻比能的，權勢雖比較強大，但不久卽被魏人刺殺。在三國以前，鮮卑因內部的不統一，故爲患中國並不甚。

匈奴亡後，鮮卑族的勢力範圍占有從現今蒙古西部到遼東一帶，大概情形是：慕容氏占領遼寧、熱河一帶，拓拔氏占領察哈爾以西；這是鮮卑族中的兩大部落。在五胡十六國時代，前後燕是慕容氏所建，元魏是拓拔氏所建，禿髮氏建南涼，乞伏氏建西秦。又有慕容氏的支庶在現今靑海地方建立吐谷渾。宇文氏當南北朝時建立了北周。這許多部族，到隋唐時代，大致被中國同化。祇有吐谷渾是在唐代中葉被吐蕃所滅的。

契丹是宇文氏的支裔，據今熱河一帶地。曾被慕容氏和元魏擊破。唐時設立了松漠都督府統治他，這便是所謂營州胡的一支。此後，仍常叛變。唐代末葉，契丹漸強，到五代時，竟成了大國，定國號曰「遼」，南進侵略中原，後被女眞征服。

第四節　肅愼

肅愼一族在中國古籍記載得最多，如周書王會篇、左傳（昭公九年）、國語魯語、史記五帝本紀、周本紀、孔子世家、大戴記少閒篇、書序、說苑和家語辨物篇等書上都有關於肅愼的記載。

肅愼的居地，史家多以爲在今吉林、黑龍江等省，卽後世挹婁、靺鞨的所在地。這因孔子世家說：「有隼集於陳廷而死，楛矢貫之，石砮，矢長尺有咫。陳湣公使問仲尼，仲尼曰：『隼來遠矣，此肅愼氏之矢也。昔武王伐商，通道九夷百蠻，使各以其方賄來貢，於是肅愼貢楛矢石砮，長尺有咫。』」因今長白山之木，中爲矢榦；松花江之石，中爲矢鏃；遂謂古代肅愼氏的楛矢石砮，必爲此物，固無解於武斷之譏（見呂著中國民族史第七章）。呂誠之先生又說：「若謂古代肅愼，即在後世挹婁、靺鞨之地，則今松花江上游，周初視之，已與河南北、山東西、陝西、湖北相等，此爲情理所必無」（見中山文化教育館季刊創刊號貉族考）。據呂先生的考定：「朝鮮、濊貉、肅愼皆本居燕北，迨燕開五郡時，乃爲攘斥而北走」（見中國民族史第七章）。

史記五帝本紀上說肅愼在舜時已經來朝貢，這話固然難以置信；但依據上面所引的史記孔子世家上的一段話和周本紀：「成王旣伐東夷，息愼來賀」，那麼肅愼和中國的交涉，可說至遲在周代已有之。

秦漢以來，肅愼未通中國，卽如漢武帝的好大喜功，遠拓東北，也未提及肅愼，這因自漢以來，肅愼臣屬夫餘（見後漢書卷一一五），改名作挹婁的緣故。挹婁，後漢書說是肅愼的別名。南北朝時，中國稱他爲勿吉，亦作靺鞨，實係同音異譯。隋書上說他的部落大者凡七：「曰粟末部，居最南，與高句麗接；曰伯咄部，居粟末北；曰安車骨部，居伯咄東北；曰拂涅部，居伯咄東；曰號室部，居拂涅東；曰黑水部，居安車骨西北；曰白山部，居粟末東南。」以地望按之，北魏時擅勿吉之名的卽此所謂粟末部。延興中，曾遣使來貢，太和初，又貢馬五百匹，並請攻打高句麗。後因中原混亂，纔不相往還。隋代，他的一部曾助中國攻高句麗，受中國的封號。唐初，曾助征劉黑闥和突厥，賜他姓李，移居幽州，後又破吐蕃，世爲唐室的功臣。

渤海，姓大氏，原係附屬於高句麗的粟末靺鞨，句麗亡後，內遷到營州。唐武后時，契丹作亂，大氏酋長率其部族東走，武后加以封號，不受命，乃令李楷固、索仇等征伐，結果唐軍反大敗，因此大氏便占領了東牟山建立國家，去靺鞨號，專稱渤海。他的典章官制全模仿中國，文化程度很高，國勢也很強，傳十四世，被契丹征服，渤海的疆域包括吉林省的全部，遼寧省的東部，朝鮮的北部，和俄屬東海濱省。是肅愼族在塞外所建立的國家中，最早又最文明的一個。

女眞卽女直，是肅愼的音轉，原出於黑水靺鞨。以繫契丹的姓與否，而分熟女眞和生女眞兩種。他的皇室出於高麗金氏（據朝鮮人說，金氏出於中國），據他自己的傳說，其始祖函普娶女眞完顏部內一個年齡六十而未嫁的賢女，因此成爲完顏部人。六傳到景祖，受遼主任命，做生女眞部族節度使，世祖統一了內部，太祖叛遼獨立，建立金國，遼地全被他占領，又和宋起爭端，進兵攻陷了汴京，擄走了徽、欽二帝，宋室因之南渡。

「滿洲」二字本非部族的名稱，明人寫作「滿住」，意卽最大酋長。孟森清朝外紀：「其對明而言曰：『我滿洲如何云云』，猶之明人謂『上命如何云云』也，然彼此誤會，他人聞建州人自名其國或部族爲滿洲，建州人遂亦承認之。其後，太宗時致書明督師袁崇煥，卽自稱滿洲國皇帝矣。」至於滿洲人自己說「滿洲」乃是由佛之名號「文殊」一音而來，這祇不過是存心附會罷了。建州人的建號爲「淸」，在太宗天聰十年（卽崇德元年），在此以前，國號稱金（後金）。他的先世實在是女眞，自金滅亡後，他的遺族散居在混同江兩岸，服屬於元，元設萬戶府治理之。明初，建立二衛，那時的女眞分作三部：（一）建州女眞（建州是渤海舊疆，在今新賓縣附近），（二）海西女眞（海西是元的行政區域名稱，卽後來扈倫四部地），（三）野人女眞（野人衞在吉、黑兩省的極東）。明永樂間，有名阿哈出者受職建州衞指揮使，賜姓李，是爲李滿住。又有名猛哥帖木兒者，卽孟特穆（淸人尊之爲肇祖），受職任建州左衞指揮使，後被七姓野人所殺，他的兄弟凡察和他的兒子董蒼，帶了衛印逃到朝鮮。不久，凡察奉明室命令承襲了指揮使，但因孟特穆的另一個兒子董山和凡察爭印，明室又令凡察把印交付董山，凡察不聽命，因此明室分建州作左右兩衛，董山執新印掌左衛，凡察執舊印掌右衛。董山後被明室所殺，繼任者卽淸實錄之都督福滿，都督福滿生子覺昌安，明人稱爲叫場，覺昌安第四子塔克輿，明人稱爲他失，他失之子努兒哈赤，卽淸太祖。淸實錄所載淸人自造的開國神話，說什麽仙女誤吞了神雀銜來的朱果，因而懷孕生子等語，無非是有意自命爲天之子的「山海經」罷了。

第四章　東北的主要民族與人口分布

第一節　各族的名稱

世界人類若以外貌來分類——即以皮膚的色澤，頭髮的鬈直及顏色，瞳子的顏色等來區別——有黃種人、白種人、黑種人等。若依據科學的分類法來區別，則有印度·日耳曼人種、崐崙人種、烏拉爾·阿爾泰人種、馬來·波利尼亞人種、山米·哈米人種、古西伯利亞人種等等。

現今居住在東北的人種，大多是崐崙種的漢族和烏拉爾·阿爾泰種的滿族及蒙族，且他們之間，早經同化，已如上述，

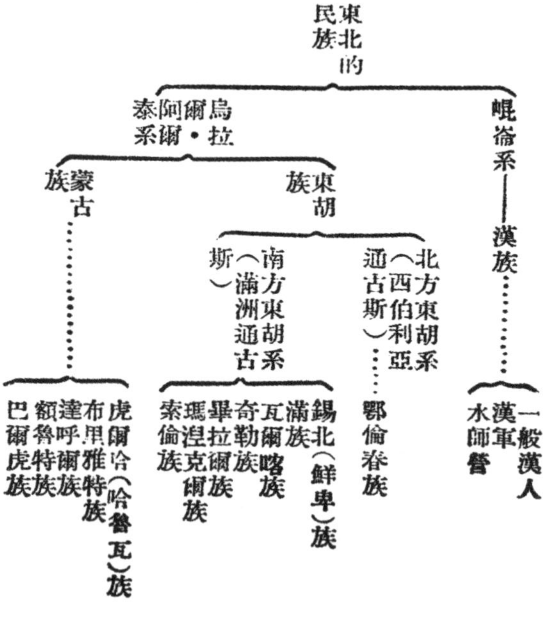

至其少數的，約如附表。

第二節　人口數目及其分布

東北的人口狀況，根據民國二十六、二十七兩年年終（即一九三七、一九三八年）偽「滿洲國」的調查為：二十七年年終，人口總數有三千八百六十二萬三千六百四十八人。人口密度平均每平方公里為二九・六人。其山嶽及砂草地帶的人口密度平均每平方公里不足十人。二十八年年終日人的統計，東北的人口，共六、四四七、五九四戶，計三九、四五四、〇二六人。至其民族的類別，根據二十八年年終，日人的調查，為：滿漢族三六、三七三、四一四人，蒙族一、〇三五、五二五人，回族一七二、八九四人．韓人一、一六二、一二七人，日人六四二、三五六人。三十五年六月二十六日，國民政府內政部戶政司統計：東北十省人口總額為三千三百十萬零六千七百八十二人，內熱河省五、九〇〇、〇〇〇人，遼寧省一、二四六、〇〇〇人，遼北省三、九九〇、〇〇〇人，安東省三、二一三、八九四人，吉林省七、〇一二、一二八人，松江省四、二八五、〇五七人，哈爾濱市六三七、五三〇人，嫩江省二、〇九三、五〇〇人，黑龍江省

二、四六八、八四四人，合江省一、九二七、八七三人，興安省三三一、九五六人。人口密度平均每平方公里爲三三·七人，熱河省爲四二·三人，遼寧省爲一八人，安東省爲四七·一人，遼北省爲五〇·五人，吉林省爲六〇人，松江省爲五五·六人，合江省爲一七·五人，黑龍江省爲一四·八人，嫩江省爲三〇·二人，興安省爲一·三人。但自三十六年六月五日國民政府根據內政部擬具的方法，將東北九省重行劃定行政區域後，這個統計已不準確了。

第五章　東北境內的漢族

第一節　總說

漢族的名稱，因漢朝而來，是外人以我國王朝的名稱，誤爲我民族的名號，猶如外人稱我中華民族爲秦人，唐人。但時至今日，漢族一詞早和朝代無關，已成爲中華民族中的最主要分子的一個專名。至於漢族的由來，乃屬於中國民族史上的問題，不在本書範圍以內，故祇得從略。

東北境內的漢族，人口總額達二千八百萬人，占東北總人口百分之八十五。滿洲族和蒙古族都受漢族的同化很深。又，在東北境內的漢族有兩種，一種是滿洲族化的漢軍旗人、水師營等集團；一種是普通的漢人，後者的人口數目比前者爲多，而前者在今日也看不出有什麽特異性。

第二節　漢軍旗人

漢軍旗人的主要者爲山東籍漢人，在淸代被編成滿洲旗，以嫩江爲駐防中心，後來分散於各地。

當初的漢軍是和滿洲族及滿洲·通古斯種族爲伍而稱爲旗人，在淸代他們的社會地位較一般漢人爲高，但自民國成立以來，他們不但和一般漢人及其他種族同等，且他們自己也諱言爲旗人了。

第三節　水師營

水師營，是淸代康熙帝所收編的，居住在吉林一帶的船夫。這些水軍，曾征伐雅克薩，抵抗帝俄的侵略。因爲他們精於操舟，故是役有大功。自後，他們在松花江流域以齊齊哈爾（龍江）、呼蘭等城爲中心定住着，一部分已包含在漢軍中。

第四節　站丁

淸代三藩之亂，吳三桂起於雲南，占有貴州、四川、湖南各地，後其孫世璠因失敗而自殺，他的一部分殘部因被判刑充軍到東北，這便是所謂站丁的由來。此外，淸代的政治犯和普通犯也有被充軍到東北的。這些站丁，在當時擔任着東北各重要都市及連繫北平（當時稱北京）的主要道路的驛卒。有的則爲滿洲族或達呼爾族中豪門的奴隸，他們的主人可將他們任意典賣，讓渡給他人。但自民國成立後，這種情形已經沒有。又，自東北交通和通信發達後，驛傳制已被廢止，因此他們都已改營農耕。他們的子孫也早和滿洲族混血，人口數目也沒有詳確的統計。

第五節 一般漢人

這兒所說的一般漢人，和前面所說的漢軍旗人、水師營、站丁有別。他們是占東北境內人口最多者，多由中國北方移往，其開始約在明代，明室移徙他們到東北爲屯墾隊，南滿的農業因此纔得漸漸興盛。到了清代，漢人更大批移往東北，因此乾隆間，感於滿漢間在經濟上的鬬爭，而厲禁漢人到東北、蒙古去開墾，並頒布了滿蒙封禁令。但中國北部的過剩人口仍舊渡勃海灣，越長城祕密地前往，禁令徒成了虛文。尤其在清末，清室因防俄人入侵，不但廢止了頒行多年的滿蒙封禁令，反奬勵漢人移民，故在東北的漢族，人口更急速地增加。漢族在東北推行農業經濟，游牧民族的滿洲人和蒙古人自然而然地漸被同化，所以說現今除了滿洲人中的貴族的姓氏沒有漢化外，早不是一個血統純粹的種族。漢族在東北，刻苦耐勞地進行開墾工作，完成了舉世咸知的農業東北的基本條件，這種旺盛的生存力，眞不媿是黃帝的子孫！

第六章　東胡系各族

第一節　鄂倫春族

鄂倫春人（卽俄倫春人 Orchons）一名鄂倫奇、鄂倫古、鄂魯春，皆同音異譯，他們是原來居住在興安嶺及伊里呼里山西北方馴鹿地帶的馴鹿遊牧民族。該族現今居住的區域爲蘇聯的沿海州、樺太及今興安省、黑龍江省的西北部、興安嶺一帶。古代的文獻上稱他們爲「棲林」、「乞麟」、「赤林」等，現今當地的人士尙稱他們做棲林人。鄂倫春人身軀矮小、全身的比例爲身軀較大、頭顱小、瘦型、瞳子黑色、髮黑直、少鬍髭、皮膚爲黃褐色，好像久受強烈日光曝過的一般，眉粗短、鼻扁略上翹、脣薄、耳殼富角度。

鄂倫春人的發祥地，已不可考，他們舊居西伯利亞東部、樺太區域。他們在政治上的活動，開始在淸代初葉，卽當西曆一千六百二十年左右，因居住西伯利亞的達呼爾族歸附淸太祖，自嫩江沿岸來歸，那時鄂倫春族散布在內外興安嶺一帶，和達呼爾族關係親近，故也漸漸歸附清室。清康熙三十四年（一六九五年），鄂倫春族、達呼爾族、索倫族在滿洲八旗制度下，組成布特哈部（「布特哈」係滿洲語，意即狩獵）。當時布特哈部的編制，是在黑龍江將軍下，置布特哈總管，達呼爾族三旗三十九佐領、索倫族五旗四十七佐領、鄂倫春族十一佐領（騎兵六佐領，步兵三佐領，其他二佐領）。鄂倫春族的佐領有驍騎校一名、領催一名、馬甲十五名。佐領的地位相當高。滿洲旗制，普通都是一佐領由馬甲二百名編成，布特哈部的少數數目，乃是清室優待他們的明證。因該部所處地域，對俄作戰上具有重要性。該部部民長於騎射，輾轉遊獵於興安嶺中，每名馬甲必須年貢貂裘一襲。清同治間，吉林馬賊猖獗，將軍富明阿奏請招練鄂倫春人五百名，一戰即平定馬賊。光緒時，黑龍江將軍奏請以鄂倫春人分隸璦琿、墨爾根（嫩江縣）、呼倫貝爾、布特哈四城。

鄂倫春族的人口，據民國二十七年偽「滿洲國」的調查，其人口分布狀況如左：

東北境內鄂倫春族人口統計表

省別	縣旗別	戶數	人口
興安省	布特哈旗	三八	一八〇
	莫力達瓦旗	四三	二一〇

黑龍江省		
巴彥旗	七六	三二六
索倫旗	二七	一〇三
額爾克訥左翼旗	三二	一三六
漠河縣	二六	七八
鷗浦縣	五五	二〇四
呼瑪縣	一二九	五四一
璦琿縣	六一	二四八
嫩江縣	三四	一四三
遜河縣	五七	二九七
奇克縣	六	二八
烏雲縣	四二	二〇三
佛山縣	二一	八九
孫吳縣	二四	八一
總計	六七一	二八六七

本表以外，在今合江省湯原縣約有七十名，蘿北縣、饒河縣亦有少數，總數約三千人左右；但據一九一七年調查有四千一百十一人，一九三四年調查祇有三千七百人，比較起來，似顯著的在減少了。

鄂倫春族所度的狩獵生活，全是原始狀態，他們冬天住在山之陽，夏天住在河之濱，三四戶零落地居住着，並無定所，祇是設帳幕以爲家，這種帳幕不過是用兩根（或幾根）大柱，和十三根圓木圍成，直徑約四米，高約二米，外部覆以白樺皮或皮革、布類、枯草等，俗稱「撮落子」。篷帳的上頂尖部露天，以代煙囪，冬季則圍以獐皮，用來防寒，內部中央設有圍爐，正面及左右設有座席，上敷獐皮以防潮溼。鄂倫春族因係狩獵民族，故衣服方面以獸皮爲主，夏季穿沒有毛的薄皮衣，近來也多穿布衣，冬季則用鹿、獐、山貓及栗鼠等毛皮所縫成的皮衣，套在夏服的外面。富有者穿狼皮或狐皮，其他靴子手套等大多數是用鹿皮，衣服上喜歡繡花紋，身上掛着煙袋。他們食的方面，以獸肉爲主，其中又以鹿獐爲最普通，粗糙的麵粉或粟及乳類也是必需品，有時捕魚爲食。麵粉和粟乃是把狩獵所得與漢人交換而獲得的。調味有岩鹽、豆油及白糖，飲磚茶，很少吃到蔬菜。一部分吃鴉片（不是吸），用以抵抗蚊蛇等的侵襲，酒有白酒、馬乳酒等。

鄂倫春族狩獵所用的槍彈雖全是手製品，但卻百發百中，婦女們也善射擊。他們一生和犬馬爲伍，在風霜雨雪中度着原始的生活。他們也知畜養牲畜，俗名馴鹿爲四不像，因為他的蹄似牛，頭似馬，身似驢，角似鹿，性馴善走，能負重百餘斤，因鄂倫春人多畜有這種馴鹿，因此又稱他們為馴鹿遊牧民族，我國舊史上又稱之為使鹿部。他們最喜歡獵得的是鹿，若因此獲得鹿茸，則可得巨利。他們狩獵的最高目標是貂，但現今興安嶺中貂已很少，且他們賴以為食的獸類，也隨着森林的開發而漸減少，時至今日，連他們的酋長的生活也感到了困難。

鄂倫春人的語言是用索倫語和達呼爾語，但也有通漢語和俄語的。性情愚直，非常勇敢。「人死即為易衣放在撮落子外面地上，通知同族及戚友以誌哀，焚化紙錢，然後用樺皮將屍體裹起，擇日舁出，架於樹上，待皮肉腐爛骨墜下，然拾起埋之土中」（中華民俗志下篇卷一）。他們信奉薩滿教，選擇狩獵的方位或居處的遷徙，以及婚、喪、祭等禮儀時，先必由該教的方士通告神祇，否則以為必遭神譴。（註）

鄂倫春族中因所飼養的家畜不同，也可分為兩大類，養馬的稱馬鄂倫春，養馴鹿的稱馴鹿鄂倫春；馬鄂倫春族能做相當距離的狩獵移動，馴鹿鄂倫春族則因馴鹿的主要食料為蘚苔類植物，所以遠距離的活動不大可能。但這兩族在語言上體質上是毫無差別的。馴鹿鄂倫春族因和蘇聯接近，故在經濟上和蘇聯已發生了密切的關係。宗教上和文化上也受到了深切的影響。

自民國二十年日寇占領東北後，竭力推行毒化政策，近年鄂倫春人不問老少男女多喜吃生鴉片，再加上酒、茶、煙草等嗜好，因此狩獵不振，而罹饑饉，且在那種不衞生的居住環境中，又全無醫藥，故早衰者日衆，死亡率日高，出生率日低，人口逐年在減少，尚望政府予以救濟！

第二節 索倫族

索倫族（Solons），原來居住在興安嶺，是近似鄂倫春而較爲進步的一種民族。「索倫」爲射手的意思，其居住在興安嶺西者，在元時已蒙古化；其居東部者，已同達呼爾族混血而滿洲化。他們的體質：身長中等、骨骼粗、顴骨秀、瞳子黑、眼細斜似睡狀、鼻低、脣厚、面部扁平、短髮少鬚、面圓額廣。性情勇猛和鄂倫春族相同。

清初，索倫族先鄂倫春族和達呼爾族歸化，自康熙間參加對俄作戰後，其驍勇卽爲世所稱道。其一部與達呼爾族、鄂倫春族一同編入布特哈八旗，居住在興安嶺斜對的嫩江、松花江沿岸一帶地，其主力在呼倫貝爾（今興安嶺西部地），稱爲索倫八旗，和新舊兩巴爾虎族、蒙古族及達呼爾族相鄰。居住在呼倫貝爾的索倫族，雖日漸脫離了原始東胡族的階段，但居住在嫩江、松花江沿岸的布特哈索倫族的文化，卻日漸衰退。索倫族現分散在興安嶺東麓，嫩江上流，呼倫貝爾和額爾古納河東岸等地方。人口總額約有六千人。近年來，也和鄂倫春族一樣，已消失了特異性。興安省東部境內的索倫族已分散在各旗，興安省西部的因昔日屬索倫八旗，故現今仍保有索倫旗一名。住在索倫旗和伊敏河流域的，都從事蒙古包式的游牧生活，住在興安嶺東麓的，大體營半耕半牧的生活，近年來已全傾向農耕的趨勢。索倫族的主要生活方式原是狩獵，能自縛於樹上，射鹿熊負歸，祇因近年來狩獵不振，故從事木材的採伐、苦力、農耕。索倫族亦奉薩滿教。至於言語方面，主要的是近於滿洲語的索倫語，居住在呼倫貝爾一帶的用巴爾嘎蒙古語，稍東一些住在遼北的北端和嫩江流域的用達呼爾語，但現今已大概通曉漢語，其居住在西伯利亞黑龍江中部的更能操俄語。索倫族的就學兒童，近來也逐年增加，此後的文化、經濟發展，當較鄂倫春族爲速。

索倫族在康熙時，因抗禦俄人哥薩克的入侵，曾練索倫兵，自雍正以還，征服伊犂、衞藏，也無不用索倫兵以充役。當僞「滿洲國」建立之初，日人驅使他們組織自衞隊，聯合達呼爾族的自治軍，和義勇軍自相殘殺。

第三節 瓦爾喀族

瓦爾喀族，卽赫哲人，又作黑斤人(Goldi)、答抹哈人，他們乃古代黑龍江及烏蘇里江下流居地的東胡族的一支。其原來根據地在今蘇聯哈伯羅夫斯基郡，總人口五千人。該族現居住在東北境內者不足二千人，分散在今合江省包有的烏蘇里江及松花江的沿岸，多居住在兩江合流點附近一帶地，卽撫遠縣境。

瓦爾喀族的體質特徵：身長中等或矮小、瞳黑眼細，顴骨突出、鼻偏平、髮黑、皮膚帶暗褐色、面形狹長、鬚髯稀少。固有的族語爲西伯利亞•通古斯及滿洲•通古斯間通行的語言。他們性情特別溫厚慈愛，似乎有點愚直，沒有一般的凶暴的習性，好和平，惡殺伐，和人交際，至爲親密，有敬老濟難之風，且性富藝術，善雕刻。捕魚以外，兼營農業及狩獵，生活方式很低級，善睇獸，蹤跡之必獲，馬有逸者，雖數百里外，皆能蹤跡得之，但一經雨後，卽不可識。又因喜用數犬駕橇，故又稱做使犬部。該族因有薙髮風俗，故又被稱奪毛子、短毛子或禿毛子。他們的衣服、靴子及其他用品多用鮭皮（冬衣狗皮），因此當地人綽號他們做魚皮達子。鮭魚一名答抹哈魚，故又稱答抹哈人，至於他們的被稱做黑斤人或赫哲達子，乃因為他們的皮膚帶暗褐色的緣故。

，瓦爾喀族奉薩滿教，尊敬虎熊及豹等，絕不殺戮之，似奉之為圖騰。若有人偶然將虎熊殺死的，必將屍體盛入棺材中埋葬，且立碑謝罪。他們的崇奉虎熊很和沿海州與樺太地的東胡族及古西伯利亞族類似。瓦爾喀族的居地因和外界隔絕，故以前並無滿洲化之點。他們沒有文字，故削木裂皮為記，最有趣的是不知歲月，用吃過幾次答抹哈魚代替年齡的多少，夏季捕魚曬乾後，儲充一年的食糧，冬季則捕貂交易貨物。近年來，瓦爾喀族居地因有不少漢人移入，因此他們的風俗、語言受漢化很深。他們生子女後，不論冬夏，都浴以冷水，婦女產後也馬上即行勞動，母子都毫無妨礙。因為沒有醫藥，故對痘疹極忌，偶有患者，必全屯遷移他處，或將患者遠送森林中以與他人隔離。鄉族各有酋長，擔任訴訟的判決和調解糾紛的任務。食物除魚肉外，兼食穀類 其中以小米稀粥為最普遍，一日兩餐，肉則置粥中煮食或用火烤食，食器用木類或白樺皮所製成，住處多依山面水，屋形大體與鄂倫春族相彷彿。又，該族好飲酒吸煙，終日不離，年幼者亦染有此種惡習慣，加上傳染病和饑饉的侵害，因此人口日漸減少。在撫遠縣附近，少數的奇勒族和古西伯利亞族與瓦爾喀族相混，他們的生活狀態，彼此很相同。

第四節　奇勒族

奇勒族（Kili）和瓦爾喀族類似，惟語言相異。因爲他們蓄髮、垂辮，故又稱長毛子。又因他們衣鮭皮，故亦稱之爲魚皮達子。他們多居住在今松江省寧安縣（舊名寧古塔）的東北，居無定處，住無廬舍，以漁獵爲生，性似生番，極凶悍，生活習慣很似原始人，奉薩滿教，似以熊爲圖騰，習性不潔，人口極少，故和瓦爾喀族很難區別，奇勒族是東胡系各族中最未開化者。

第五節　錫北族

錫北族又名斜婆、西伯、西北、席北，乃鮮卑族的遺裔。自元朝以來，爲科爾沁蒙古八（今遼北省的蒙古八）的屬役。他們在古代的中心居留地是伯都訥（今吉林省扶餘縣）。從元朝到清初，隨科爾沁蒙古八同服屬清室。康熙間，他們被編成旗兵，分駐在齊齊哈爾（龍江）和伯都訥（扶餘）兩城，其後，駐在齊齊哈爾者移至墨爾根城（嫩江），駐在伯都訥者則移駐呼蘭和奉天（今瀋陽）。錫北族在淸代，有許多是爲駐京王公的世僕，另外一部分則隨邊疆守備的滿洲旗軍分駐在各地。

在東北境內的錫北族，除居住在扶餘的以外，已無聚集，分散和漢人雜處，故一般的說，在東北境內的錫北族早已漢化，人口據估計祇有五千人。在今新疆省內，他們的子孫和滿洲族共同殘存着，構成一個獨立的、種族的、語言的集團。

第六節 畢拉爾族

畢拉爾族屬黑龍江沿岸的東胡族的集團，所以他們的特有的種族名稱的有無，已不得而知。

畢拉爾族多數散居在蘇聯的阿穆爾河沿岸；在東北境內，嫩江附近的東胡族中亦包含有畢拉爾的系統，但無特殊的種族表現。今黑龍江省的訥河縣、北安市、佛山縣、烏雲縣、遜河縣、奇克縣以及合江省、松江省的鄂倫春族，亦間或被通稱爲畢拉爾族，這一點，我們須加以注意。

第七節 瑪涅克爾族

瑪涅克爾族(Mongargs, Menegres, Menagris, Menegres)的主體是居留在蘇聯結雅河中流地域固有的東胡族的一支。他們在東北境內者，係居留在興安嶺西部斜面的北部地帶，營狩獵生活，依馴鹿為生，因此又被稱為馴鹿通古斯。而額爾古納河下流的，生活多和漢人相似，很多已穿中國的服裝，與漢人交際頻繁。容貌有兩種，一種高顴低鼻，和蒙古人相似，一種是顏面橢圓，顴平鼻高。男女都垂辮，住屋則係木柱、樺皮、鹿皮等所造成的錐形的包，他們大部分仍衣皮革，性喜剽盜，人口及其他情形不詳。

(註)薩滿教(Samanism)，蒙古語作Saman，亦作Boga，為原始宗教形態之一。從佛教輸入蒙古後，蒙古人多稱薩滿教為「哈喇夏琴」(義為黑教)，稱佛教為「希喇夏琴」(義為黃教)，我國本部則稱之為薩滿、珊滿、薩瑪、撒廡、叉馬，這些都不過是一音的異譯。薩滿教為西伯利亞東部和東北嫩江等處土人所信奉的一種宗教(有的學者祇認為是一種信仰)，他的發生之時，已不可考，或說金時已有之，薩滿教以天堂為上界，諸神所居；地獄為下界，惡魔所居。男巫稱薩滿(蒙古語名「潚鴿伊」)，女巫稱烏答有(蒙古語名「烏大甘」，俗稱薩滿太太)，昔時多女巫，今則多男巫，為人治病、

祓邪、問卜。所有宗教儀式舉行時，都必須面向太陽，舉行祭典的日期，是陰曆元旦、五月初五日、八月十五日，是日必各攜酒食，集於深山，舉行大宴會，熱烈地歌舞着。在清代，薩滿太太可以出入宮禁。

第七章 蒙古族

第一節 總說

「蒙古」一語出自邱處機的西遊記，元史沿用之。舊唐書謂蒙古族出於室韋，呂誠之先生考定其爲室韋與韃靼的混合種，而韃靼又爲靺鞨和沙陀突厥的混合種，是蒙古族實爲中國北方民族的一個集合體。此集團中兼有匈奴、東胡、突厥、肅愼等的血統成分。蒙古皇室史稱出於室韋，或稱韃靼，室韋爲契丹別部，是東胡種；韃靼則是靺鞨及

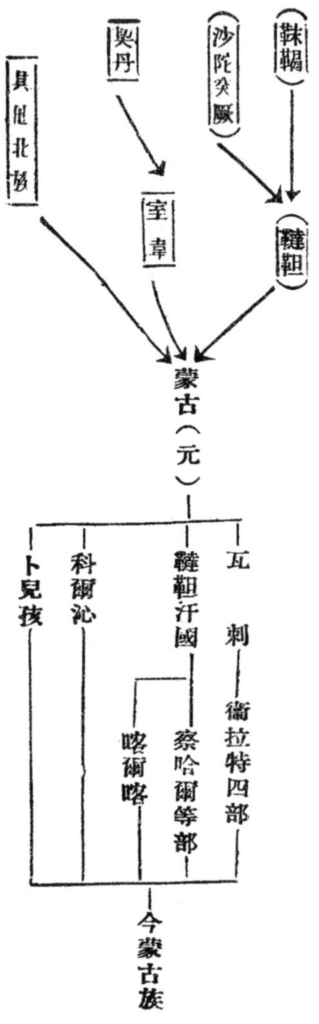

沙陀突厥的混合種，韃靼爲肅愼之族，是蒙古皇室又爲東胡、肅愼及突厥的混合種。而其民族則實包舉秦、漢以來北方民族的全部，爲一極複雜的混合種，有如前表。

當西曆一千二百年以前，在中國南宋時，該族有名鐵木眞者，他的祖父被主因塔塔兒（即韃靼之一部）所害，鐵木眞備嘗艱苦，統一蒙古諸部，先報祖父之仇，國勢日盛，北方諸部族多歸之，於是鐵木眞大會諸部於斡難河上游，受擁戴爲成吉思汗，侵金滅夏，旋又西征，至其後裔忽必烈（即元世祖）卽位，統一了中國，建立有史以來，奄有歐亞兩洲的元朝大帝國。但自元室崩潰後數百年間，失了他的統一國家，在砂草的蒙古高原，營其遊牧生活。僅僅能維持封建社會。

現今蒙古族居留地爲戈壁沙漠的蒙古，由中央亞細亞到西伯利亞，人口總數約三百萬人。他的種族方面，一般的區分爲：虎爾哈族、布里雅特族、額魯特族、烏里雅汗族四部。在東北境內的蒙古族，主要的是虎爾哈族，此外，有少數的達呼爾族、布里雅特族。至於呼倫貝爾地有古代居住的蒙古族，其種族及政治諸端上分爲數集團，此與索倫族等的東胡系種族加入，有極複雜的關係。一般的稱呼居住呼倫貝爾的原居民爲巴爾虎族，但巴爾虎乃呼倫貝爾一地名，並非種族的名稱。

東北境內的蒙古族，主要居住地爲今興安省。人口及種族分布之狀況有如左表：

東北境內蒙古族人口統計表

省別	民國廿六年杪	民國廿七年杪
興安省	四八、四二五	四七、九七五
遼北省	三六八、七六一	三八四、九五三
熱河省	二五七、八三九	二五四、四二八
嫩江省	一二二、七〇五	一二二、二五二
黑龍江省	一八	二九
合江省	一	五
松江省	一二、九四一	一一、三九八
安東省	八、四七四	九、三五三
遼寧省	一三九、九九八	一六三、四七六
吉林省	二六、八五五	二二、七九三
長春	四九九	三六〇
合計	九八六、五一六	一、〇一七、〇二二

附註：本表根據僞「滿」調查數字製成，其時，依克明安旗屬「嫩江省」，今則屬黑龍江省。故本表內所列嫩江省及黑龍江省兩省人口數字有混淆。

東北境內蒙古族種族分布狀況表

省別	旗別	種族名
興安	巴彥旗	達呼爾族
	莫力達瓦旗	索倫族
	布特哈旗	鄂倫春族
	喜札嘎爾旗	
	阿榮旗	
	額爾克訥左翼旗	蒙古族
	額爾克訥右翼旗	鄂倫春族
		其他少數東胡族
	新巴爾虎右翼旗	布里雅特族
	新巴爾虎左翼旗	額魯特族
	陳巴爾虎旗	索倫族
	索倫旗	達呼爾族
遼北	科爾沁左翼前旗	哈魯瓦族
	科爾沁左翼中旗	
	科爾沁左翼後旗	
	科爾沁右翼前旗	

吉林

松江

嫩江

黑龍江

熱河

科爾沁右翼中旗

科爾沁右翼後旗

郭爾羅斯前旗

郭爾羅斯後旗

杜爾伯特旗

依克明安旗

札魯特旗

庫倫旗

阿魯科爾沁旗

巴林右翼旗

巴林左翼旗

克什克騰旗

奈曼旗

喀爾沁左翼旗

喀爾沁右翼旗

喀爾沁中旗

哈魯瓦族

哈魯瓦族

哈魯瓦族

額魯特族

哈魯瓦族

敖漢旗
翁牛特左翼旗
翁牛特右翼旗
吐默特左翼旗
吐默特右翼旗

第二節 虎爾哈族

虎爾哈族，又作哈魯瓦族，爲蒙古族內的中心種族，他們的王公差不多仍屬成吉思汗的嫡系後裔。他們的居住地是由外蒙古東半部到東西內蒙古，自古便以勇敢謀略見稱。外蒙古的虎爾哈族稱內蒙古的虎爾哈族爲塔塔魯族，當地人士稱他們做達子。

虎爾哈族的體質和容貌屬蒙古型。身長中等、頭的外型富輪廓、顏面闊大扁平、顴骨秀、眼細斜、髮黑直、少鬚髯，鼻不高、頣稍向前突、皮膚黃褐色。

熱河省南部的蒙古人因早和漢族接觸，故體質和容貌，已滲入漢人型。又，今遼北省的蒙古人也很早便與滿洲人接觸，其間也很相似。蒙古人受漢族的影響很深，漢化的傾向極顯著。

虎爾哈族原營游牧，但自漢族開墾蒙古後，他們已進入農業、半農半牧、游牧三階段。並且農業已很普遍，熱河省喀喇沁蒙古族在十四世紀時已具有了農業經濟。

第三節 布里雅特族

布里雅特族也是蒙古族中的主要部族。居留地在今蘇聯領域札拜加爾的貝加爾湖一帶，約有三十萬人。自俄國革命發生後，布里雅特族在蘇維埃政權下，組織了布里雅特蒙古自治共和國，但一部分反共產主義的布里雅特人則分爲兩支：一支流浪到呼倫貝爾，一支流浪到察哈爾省北部。民國十八年，呼倫貝爾政廳收撫之，將他們編成兩旗，居之於呼倫湖西地，統屬於原來居住在呼倫貝爾的巴爾虎蒙古中。呼倫貝爾的布里雅特族，其中不少有相當識見者，因此實際上並不亞於呼倫貝爾的居民，並且他們多富有向學心。

第四節 達呼爾族

達呼爾族（土名瑷㺍八）的發祥地未詳。其由來據一般的說法，有：

（一）達呼爾族是韃靼的遺裔。
（二）達呼爾族是鮮卑——契丹的支庶。
（三）達呼爾族是成吉思汗的兄弟喀不特合撒兒的後裔（喀不特合撒兒卽哲里木盟的札賚特旗蒙古人之祖）。
（四）達呼爾是薩吉哈爾的汗的後裔。但薩吉哈爾的汗有謂爲蒙古的哈不勒汗（成吉思汗的曾祖）或拙亦合撒兒汗（成吉思汗的同母弟），亦有謂其爲神話中的人物，達呼爾十八氏族俱尊薩吉哈爾的汗爲祖神。

「達呼爾」一名乃其歸化淸朝後始有之。其語源出於蒙古語，卽「隨伴」的意思。達呼爾族自十七世紀初葉歸化淸朝後，被分於黑龍江（璦琿）、黑爾根（嫩江）、齊齊哈爾（龍江）諸城的旗兵內，和滿洲旗兵同在通肯、呼蘭、東興以及嫩江所挾有的訥河、布西兩地爲中心地而居住着，進入半農半獵的生活，以迄於今。

現今，東北境內達呼爾族的居住地是在嫩江省、興安省，人口總額約達十萬人。

達呼爾族的體質爲蒙古型，酷似東胡系的索倫族，身長中等、骨骼粗、頭蓋稍大、圓廣額、目細斜、顴骨秀、鼻扁、脣厚、瞳髮俱黑、少鬚髯、性勇果、知識發達，因此達呼爾族在淸代入仕途者很多，他們且長於政治及行政。其任淸室御前侍衛、參贊大臣、庫倫辦事大臣、黑龍江將軍、察哈爾副都統、吉林副都統、侍衛大臣、江寧將軍等要職者不遑枚舉。近年來，達呼爾族漸移入興安省，其經濟狀況較其他東胡系的種族爲富裕，因他們非從事狩牧，而是經營農業的緣故。其人口亦較他族爲多。該族的語言，因種族的被同化，致語言亦被同化，他們的語言是蒙古語、滿洲・通古斯語混合成的一種獨特語言。文字則用滿文，今已習倘了漢語和漢文，宗教方面信奉薩滿教。

第五節　額魯特族

額魯特又作鄂勒特、厄魯特、額爾特，爲古代住於阿爾泰地的準噶爾部的自稱。康熙間，他們的首領名噶爾丹者乘強襲外蒙古虎爾哈部。其後，康熙平定了準噶爾部，到乾隆二十年乃漸歸化中國，爲蒙古諸部中服屬淸室最晚的一部。準噶爾部歸化淸朝後，他們的另一部以依克明安公爲首領，居住在齊齊哈爾北方的克山縣，這便是現今黑龍江省中蒙旗內的依克明安旗。

依克明安旗的額魯特族，爲額魯特族的支族名輝特的末流，他們擁戴世襲王公，具有氏族的形態，和居住在呼倫貝爾的完全不同。依克明安旗的額魯特族，人口約一千六百人，奉喇嘛教，以農爲生，其文明程度與居住在其附近的漢人不相上下。他們是居住在齊齊哈爾的達呼爾族及其他東胡系各族中的純粹蒙古族旗。

第六節　巴爾虎族

巴爾虎一作巴爾呼、巴爾忽，本來是一個地名，由呼倫貝爾地的原住民的總稱，轉訛爲一種族的名號，他們別稱爲呼倫貝爾蒙古族。

巴爾虎族由：(一)布里雅特族，(二)額魯特族，(三)東胡族三者構成。在清代，其屬於齊齊哈爾副都統的管轄者，稱新巴爾虎。他們在清代，亦被編成八旗制，稱巴爾虎外八旗，在察哈爾的稱內八旗，宣統三年（一九一一年）又被編爲十七旗，至民國二十一年（一九三二年），舊有的旗制被廢止。

第八章 「滿洲旗人」

「滿洲」兩字本非種族的名號，以及其先世的史跡，我們在第三章中已詳言之。滿族——女眞族的建國，始於唐代的渤海國；在明代，他們的部族名爲女眞，明分女眞爲建州、海西、野人三種。建州女眞是渤海的直系後裔，居留在現今的依蘭縣（三姓）至瑚爾喀江沿岸、長白山一帶。海西女眞爲黑水靺鞨的後裔，在松花江、嫩江沿岸平原地帶度着狩獵和畜牧的生活。後來建州女眞的英主努兒哈赤（見第三章第四節）統一了諸部，建立了淸朝（當時國號金或後金）封建帝國，其八旗旗主就等於封建諸侯，他們雖沒有封邑，卻有屬人，旗下全是奴隸，披甲的全是士兵，人民戶口依兵籍編制，無戶籍而有旗籍。八旗的上三旗，又稱內府三旗：（一）鑲黃、（二）正黃、（三）正白，由皇帝親將之；下五旗：（一）鑲白、（二）正紅、（三）鑲紅、（四）正藍、（五）鑲藍則由諸侯——王公僚屬分將之。後來，因蒙古人和漢人的被征服，故又次第地編有蒙古八旗，漢軍八旗，隸旗籍的都稱做旗人，或曰旗下人。可見「旗人」、「滿洲人」或

「滿洲旗人」，都不成其爲中華民族中的一個民族名稱，勉強地說，也祇可說「滿族」是東北地帶，許多民族中的一個近代的集合體。民國二十七年，據僞「滿洲國」的調查，所謂「滿洲旗人」約有四百七十萬人，其實，建州女眞和海西女眞，早已接受了漢族文化的同化，自民國成立以來，他們更有自諱其旗名的傾向，又因爲受漢族的同化很深，致外表上也早無滿漢之分，除了他們中的少數貴族，姓氏未漢化外，其餘的滿族早和漢族混成一體。民族的差異，今日一般學者都認爲在文化，而不在血統，況且滿漢兩族的血統也早混淆，故眞正的所謂滿洲人，在現今雖不敢說絕無，卻可說是僅有，可見「九一八」發生之初，日寇和溥儀等奸逆所倡說的「眞正滿洲人」或「滿洲旗人」的民族自覺說，是如何的荒謬和可笑了。

參考書目錄

中文本書所引用之舊籍如正史清史稿黑龍江外紀等不備錄

呂思勉：中國民族史
張其昀：中華民族志
宋文炳：中國民族史
林惠祥：中國民族史
傅斯年：東北史綱
呂思勉：貉族考（中山文化教育館季刊創刊號）
馮家昇：述肅愼系之民族（禹貢半月刊三卷七期）
馮家昇：述東胡系之民族（禹貢半月刊三卷八期）
卞鴻儒：歷史上東北民族之研究（東北叢刊）
吳廷燮：東三省沿革表
魏聲龢：吉林地理紀要

楊守敬：歷代輿地沿革險要圖說
顧頡剛：中國疆域沿革史
童書業：中國疆域沿革略
馮家昇：周秦時代中國經營東北考略（禹貢半月刊二卷十一期）
王伊同：燕秦西漢與東北（禹貢半月刊七卷五期）
葛綏成：中國近代邊疆沿革考
劉　彥：帝國主義壓迫中國史
稻葉君山 楊成能譯：滿洲發達史
稻葉君山 但燾譯：清朝全史
蕭一山：清代史
蕭一山：清代通史

日文

白鳥庫吉：滿蒙地理歷史
西藤辰雄：滿洲國的現住民族

鳥居龍藏：滿洲國的民族與宗敎
矢野仁一：滿洲國歷史
滿蒙文化協會：滿蒙全書
八木奘三郎：滿蒙民族志
山田久太郎：滿洲的民族
高華五郎：滿洲國的民族問題
高杉新一郎：滿漢民族的人種見聞談
邊疆問題研究會：邊疆支那
滿洲事情案內所：滿洲的宗教
滿洲事情案內所：滿洲民族考
京城帝國大學大陸文化研究會：滿蒙民族的體質
大島義美：鄂倫春的狩獵
甲斐巳八郎：滿洲旗人
小藤文治郎：韓滿境界歷史